¿Hacia una nueva guerra civil mundial?

traficantes de sueños

Traficantes de Sueños no es una casa editorial, ni siquiera una editorial independiente que contempla la publicación de una colección variable de textos críticos. Es, por el contrario, un proyecto, en el sentido estricto de «apuesta», que se dirige a cartografiar las líneas constituyentes de otras formas de vida. La construcción teórica y práctica de la caja de herramientas que, con palabras propias, puede componer el ciclo de luchas de las próximas décadas.

Sin complacencias con la arcaica sacralidad del libro, sin concesiones con el narcisismo literario, sin lealtad alguna a los usurpadores del saber, TdS adopta sin ambages la libertad de acceso al conocimiento. Queda, por tanto, permitida y abierta la reproducción total o parcial de los textos publicados, en cualquier formato imaginable, salvo por explícita voluntad del autor o de la autora y sólo en el caso de las ediciones con ánimo de lucro.

Omnia sunt communia!

Primera edición: 1000 ejemplares.
Marzo de 2024
Título:
¿Hacia una nueva guerra civil mundial?
Autor:
Maurizio Lazzarato
Traducción:
Diego Picotto
Maquetación y diseño de cubierta:
Traficantes de Sueños.
Edición:
Tinta Limón Ed.
Traficantes de Sueños
C/ Duque de Alba, 13
28012 Madrid.
Tlf: 915320928
e-mail:editorial@traficantes.net

ISBN: 978-84-19833-17-4
Depósito legal: M-9860-2024

¿Hacia una nueva guerra civil mundial?

Maurizio Lazzarato

traducción:
Diego Picotto

lemur
Lecturas de Máxima Urgencia

Índice

Introducción

«En las guerras civiles de acumulación originaria, en las que nacen las clases [...] La acumulación originaria es una distribución originaria: la violencia de la lucha de clases como fuerza productiva».

Hans Junger Krahl

«—Supongo que podrán comprender —les dijo, en tono insolente— que al tomar las armas contra sus hermanos se convierten en instrumentos de asesinos y traidores.

—No es así, hermano —le respondió el soldado con seriedad—, no lo entiendes. Hay dos clases, el proletariado y la burguesía. Nosotros...

—¿Crees sin duda —le preguntó el otro con desprecio— que Lenin es un verdadero amigo del proletariado?

—Yo no sé gran cosa de todo eso —repuso el soldado con terquedad— pero encuentro que lo que él dice es justamente lo que yo tengo necesidad de escuchar, y conmigo todas las gentes sencillas como yo. Mire: hay dos clases, la burguesía y el proletariado...

—¡Vuelven otra vez con esa estúpida fórmula! —exclamó el estudiante.

—... dos clases —continuó el soldado empecinándose—, y el que no está con la una está con la otra...»

John Reed

«Es el miedo al dos. El uno es el ser en sí, tranquilizador con respecto a todo lo que es. El tres es la concepción sintética y tranquilizante de la contradicción. El dos presupone, irresoluble, la polaridad, la oposición, incluso el conflicto. Siempre hay un positivo y un negativo. Del saber asumir sobre sí el poder inmanente de lo negativo, en formas elevadas y noblemente destructivas, se reconoce la fuerza capaz de medirse en el destino de cambiar el mundo».

Mario Tronti

<9>

Tras la caída del Muro de Berlín, en lugar de llegar a su fin, la historia empezó a correr, acelerando gradualmente y precipitándose hacia el cambio de siglo. Este es el tercer libro escrito sobre los acuciantes y precipitados acontecimientos que condujeron y conducen a la guerra imperialista y la guerra civil mundial. Carentes de categorías y conceptos a la altura del enfrentamiento actual por haber sido sustraídos a un análisis falaz e ilusorio del capitalismo y del Estado, estos escritos intentan sacar a la luz una redefinición de la guerra y de la guerra civil que tiene todas las limitaciones de una obra hecha a partir de acontecimientos actuales.

<10>

El cambio radical de fase política que se produjo con la crisis financiera y de la deuda privada, primero, y luego pública, que comenzó en 2007/8, se manifiesta en la guerra y en la guerra civil. Lo que está en juego es el «Nomos de la tierra», que vuelve a ser la partición y apropiación primaria de la que dependerá la futura división del trabajo, la producción, la reproducción, el mando del mercado mundial y la configuración de las clases de trabajadores, mujeres y personas racializadas.

La guerra imperialista y la guerra civil retornan por cuarta vez en poco más de un siglo. El capital es por naturaleza cosmopolita, tiende continuamente a expandirse más allá de las fronteras de los Estados, pero encuentra obstáculos que, en contra de lo que piensa Marx, no puede mover ni fácilmente ni sin la intervención del Estado, y con asombrosa regularidad llega la guerra imperialista para intentar resolver esta imposibilidad.

Las guerras actuales nos advierten: el capital solo puede globalizarse a través del Estado, que permanece cerrado dentro de sus fronteras, aunque sea una potencia mundial como Estados Unidos. El poder global nunca se dio como una totalidad (la ilusión del Imperio), siempre estuvo fragmentado, formado por un conjunto de globalizaciones con objetivos e intereses diferentes (véanse las estrategias heterogéneas de los grandes Estados, como Estados Unidos y China, que chocan hoy en día). El motor de financiarización del mercado mundial es inconcebible sin el dólar, una moneda nacional, más allá de que sirva para el comercio internacional. La contribución del Pentágono y de sus 800 bases militares que controlan los océanos por donde pasan el 90% de las mercancías es igualmente estructural y sirve a un solo Estado, no a un imperio supranacional.

Sin embargo, cuando hablamos de guerra, debemos siempre referirnos también a la guerra civil. Las fronteras rígidamente establecidas entre una y otra por el Estado moderno se fueron difuminando a partir de la Revolución francesa hasta perder sus diferencias en el siglo XX.

El verdadero problema para los capitalistas y los Estados no es la guerra, que en realidad es el medio por el cual regulan su competencia por el poder y constituye una fuerza económica que regula el ciclo de acumulación de ganancias, sino la guerra civil, especialmente cuando se presenta como lucha de clases. Fue la guerra civil, expresión de la lucha de clases, la que hizo saltar por los aires la división entre exterior e interior sobre la que se había constituido el poder del Estado moderno: pacificación de la guerra civil —es decir, de la lucha de clases interna, integrada en la producción y reproducción del capital— e inversión de la violencia en el exterior de la guerra entre Estados (nacionalismos). Desde principios del siglo XX, la guerra entre Estados y la guerra civil se volvieron completamente porosas.

La guerra y la guerra civil son los signos de la repetición de la *acumulación originaria,* capaces de determinar la transición de un modo de producción a otro, de una forma de acumulación a otra, porque, juntas, constituyen las fuerzas *destructivas* del viejo orden y *constitutivas* de un nuevo *Nomos* mundial de mercado. No hay poder constituyente sin guerra y guerra civil, sin organización de la potencia y acumulación de fuerza. Desde el siglo XX, las guerras también tienen la capacidad, por primera vez en la historia, de producir la destrucción absoluta de la humanidad; el armamento nuclear es testigo de esta posibilidad siempre presente.[1]

<11>

---

[1] «El 6 de agosto de 1945, el Día de Hiroshima, una Nueva Era comenzó: la Era en la que en cualquier momento disponemos del poder para transformar cualquier lugar de nuestro planeta, y aún nuestro planeta mismo, en un Hiroshima». Günter Anders.

Hoy estamos completamente dentro de esta transición por la que la eliminación de la acumulación originaria y su repetición significan la negación de la guerra civil, la guerra de conquista y la guerra entre Estados.

No hay producción sin acumulación originaria de fuerza económica, política y militar, no hay producción sin apropiación previa de recursos y seres humanos, no hay producción sin sometimiento de estos últimos y su transformación en obreros, esclavos, mujeres (en subjetividades funcionales a la acumulación y la reproducción), no hay producción sin una división que establezca quién manda y quién obedece en el mercado mundial. Comenzar el análisis directamente desde la producción o desde la reproducción es centrarse exclusivamente en las «fuerzas productivas» y las «relaciones de producción», una especie de economicismo característico del marxismo occidental de posguerra, del que también forman parte, a su manera, el obrerismo y el postobrerismo.

<12>

La partición y la apropiación no surgen de modo inmanente de la producción capitalista, de la tecnología o de las fuerzas productivas. Al contrario, estas guerras estallan porque la mundialización del capital no puede completarse, porque la acumulación no logró establecer la hegemonía del capitalismo estadounidense sobre el mundo; al contrario, hizo emerger la fuerza de otros capitalismos y de otros grandes Estados. Capitalismos más o menos liberales, capitalismos más o menos estatales, en cualquier caso, todos capitalismos políticos, irreductibles solo a la economía (el poder acompaña al beneficio, al monopolio de la fuerza, a la propiedad) y todos compitiendo entre sí, profesando ideologías unas más reaccionarias que otras (autoritarias, ultraliberales, fascistas, fundamentalistas cristianas, islámicas, judías, etc.). No debemos detenernos en este nivel geopolítico de análisis, sino —como hicimos en el siglo XX—, captar el conflicto de clases, el punto de vista del proletariado mundial, en esta pugna por la hegemonía en el mercado mundial.

La guerra civil siempre estuvo acompañada, como en las dos Guerras Mundiales, de un enfrentamiento entre Estados, que ahora se ha convertido en una guerra imperialista que, como sostenía Lenin, es un «juego» a pesar de la enorme violencia que desata, porque se enfrentan potencias homogéneas que se disputan los poderes y valores constituidos, la hegemonía sobre el capitalismo y su Estado.[2] El genocidio de los palestinos, nuevo episodio de la guerra mundial «a pedazos», plantea un problema radicalmente distinto: la relación que el conjunto de estos Estados que luchan entre sí por la supremacía en el mercado mundial, mantiene con el proletariado mundial y, en particular, con el proletariado del Sur. Los Estados occidentales simpatizaron inmediatamente con Israel no solo porque reconocen en él su secular deseo de colonización, elemento estructural de la acumulación capitalista aún hoy, sino también porque todo Estado tiene sus palestinos, todo Estado contiene en su seno su «sur», todo Estado practica políticas racistas que desempeñan un papel central en la gubernamentalidad de la guerra civil contra el proletariado. ¿Quién mejor que Israel para vender técnicas de *apartheid* que se adapten a las diferentes situaciones de los Estados occidentales? ¿Quién mejor que Israel para funcionar como cabeza de puente occidental en el Sur global, de donde, como en el siglo XX, pueden venir rupturas políticas significativas?

<13>

El fin de la colonización territorial ha visto surgir una colonización generalizada que también se desarrolla en el centro del capitalismo, por lo que la relación colonizador/colonizado, en lugar de declinar, se ha expandido hacia nuevas formas, de ahí la importancia estratégica del conflicto entre Israel y Palestina.

El exterminio en curso demostró la homogeneidad sustancial de todos los Estados, con excepción de Sudáfrica (y muy pocos más) que, sabiendo de lo que hablaba, denunció el genocidio y el *apartheid* que sufrían los palestinos. Solo

---

2 Me siguen llamando leninista como si fuera una ofensa, pero no veo a quién acudir para hablar de guerra, guerra civil y estrategia, es decir, del presente. Al obrerismo, al postobrerismo, a la escuela de Frankfurt, a Deleuze y Guattari, a Foucault, a la teoría del *Homo Sacer*, a Negri y Hardt, a Judith Butler, a varios feminismos, a Rancière, a Badiou, a Laclau, etc. Todas estas teorías literalmente implosionan ante la guerra y la guerra civil. Podemos recuperar conceptos de cada una de ellas, pero solo insertándolas en el marco de la guerra y la guerra civil. El último debate serio sobre estas cuestiones lo iniciaron los revolucionarios de la primera mitad del siglo XX, y es a partir de aquí que podemos empezar a entender cómo continuar, reinventándola, esta gran tradición.

el proletariado mundial se ha solidarizado con la resistencia palestina, abriendo la posibilidad de un nuevo internacionalismo, imposible de transformar hoy en fuerza política, por falta de todo nivel de organización necesario para esta realización.

El genocidio y la limpieza étnica practicados por los israelíes sobre los palestinos no solo ponen de manifiesto la relación colonial, sino también el nivel de enfrentamiento al que están dispuestas las clases dominantes, los capitalistas y gran parte de la opinión pública del Norte del mundo. Occidente y sus clases políticas, empresariales y financieras hinchadas de arrogancia, de supremacismo blanco, cegadas por el miedo a perder poder y privilegios, se han lanzado a una guerra, en ciernes desde principios de siglo, que ya están perdiendo incluso antes de que se despliegue plenamente. El primer perdedor real es Europa (es decir, Alemania), que al plegarse a todas las voluntades de Estados Unidos ha completado su suicidio económico y político, que comenzó con otra guerra mundial, partiéndose en dos, según una inesperada reedición del Telón de Acero.

<14>

La enorme violencia desatada contra los palestinos no se debe a una psique enferma, a la locura de unos pocos dirigentes, sino que hunde sus raíces en el capitalismo y su Estado. Cada acumulación originaria repetida desde 1492 muestra niveles atroces de violencia.

En estos periodos se puede ver fácilmente la implicación de la democracia y el fascismo, el deslizamiento de la una en el otro, ya ampliamente preparado por las leyes de emergencia, las leyes contra el terrorismo y el establecimiento de la crisis permanente como modo de gobierno. Dentro de las fases de acumulación originaria, la gran violencia que divide y se apropia exige la suspensión no solo de las normas del derecho, sino también de las normas de producción y del sistema político, y confía a la guerra y a la guerra civil las decisiones que las instituciones políticas y económicas son incapaces de tomar. El caso de Palestina recuerda a quienes lo hayan olvidado que las democracias occidentales presuponen las no-democracias del gran Sur, que la «pacificación» del Estado-nación occidental presupone una violencia sin límites en otros lugares, que la libertad de los demócratas y los liberales necesita la no-libertad de la mayoría del mundo, que el consumismo de masas en el Norte precisa de la pobreza en el Sur, etc.

El genocidio en curso es un eje fundamental de la lucha de clases por varias razones. Cualquier estrategia revolucionaria tendrá que tener en cuenta el *no ser masacrado*, algo para lo que el poder siempre está dispuesto, y encontrar los medios para evitarlo. Tendrá la función que tuvieron los fusilamientos masivos de comuneros en París en la elaboración del partido revolucionario en el siglo XX.

<15>

Occidente está integrando en la «democracia» las técnicas y los dispositivos de poder de los fascismos del siglo pasado, incluso el genocidio se reivindica ahora tranquilamente como política exterior, mientras que internamente se impone una represión de la disidencia y se construye un consenso para el exterminio de un pueblo que, de hecho, es aceptado por todos.

Debemos intentar ver si existe la posibilidad de desplazar los términos del enfrentamiento mundial en curso. Los bolcheviques lo hicieron una vez. Hoy parece más difícil, si no imposible. Pero no hay más remedio que plantear una pregunta intempestiva: si el capital (y su Estado) es una relación de poder entre fuerzas asimétricas, donde una manda y la otra obedece, ¿cómo construye el proletariado fuerza y potencia dentro de una relación de poder que le es desfavorable? Fuerza quiere decir organización de una subjetividad de masas.

A partir de la Revolución francesa, el proletariado fue capaz de organizar la potencia y acumular fuerza a través de una guerra civil que estableció una relación muy estrecha entre la lucha como *acontecimiento*, como ruptura, como interrupción en el *continuum* del poder, y un *proceso* que en esta apertura del tiempo creó y consolidó fuerza y potencia, tanto política (organización) como material (salarios, *welfare*, derechos), produciendo una subjetividad no sumisa, sino *autónoma* e *independiente* de la producción y reproducción del capital.

En el capitalismo, la división, el «dos», es quizás la realidad políticamente más importante, cualquiera que sea el desarrollo de las fuerzas productivas, pero se produce de dos formas diferentes. Una primera división está determinada por la guerra de conquista y apropiación de hombres y recursos en la acumulación originaria que los vencedores transforman, con la integración de los vencidos en la producción, en un «dos» que se convierte en la relación entre «fuerzas productivas y relaciones de producción»; una segunda y diferente división la impone, en cambio, el proletariado con la guerra civil revolucionaria que opone clases sociales. El proletariado <16> debe negarse a sí mismo como fuerza productiva del capital para lograr establecer un «dos» en el que ya no es una fuerza reactiva, sino afirmativa; ya no está a la defensiva, sino que adopta una estrategia ofensiva. Solo esta segunda división asegura la *autonomía* y la *independencia* del proletariado.

Como modelo de relaciones de poder y matriz de su implementación, la guerra civil se da en forma manifiesta en la acumulación originaria, luego se vuelve latente, subterránea, fluyendo como un río cárstico bajo el «dos» de las «fuerzas productivas y relaciones de producción», para volver a la confrontación abierta cuando la acumulación mundial no logra completar su mundialización, y entonces se muestra como una guerra de clases y una guerra entre estados.

Las revoluciones aseguraron la transición o, mejor dicho, el salto de la división entre fuerzas productivas y relaciones de producción a la división entre clases que luchan por el poder, por su transformación y por una organización diferente de la sociedad. La transición de la primera a la segunda división fue perseguida y realizada durante más de dos siglos: 1789 y la Revolución haitiana, 1830, 1848, 1871 y a partir de 1905 la larga sucesión de revoluciones del siglo XX (victoriosas o derrotadas), que terminaron en la segunda división después de la guerra, lo que aseguró la *separación* y la *autonomía* respecto a la máquina Estado-capital durante periodos más o menos largos. Incluso las derrotas condujeron a la consolidación, porque el miedo a la revolución, siempre posible, siempre presente, obligó al Estado y a la patronal a hacer concesiones, a pesar de que las victorias siempre les parecieron precarias.

El salto no se da automáticamente y requiere una estrategia y una organización adecuadas. La relación acontecimiento/ proceso, que maduró durante el siglo XIX, alcanzó una forma exitosa con la invención leninista y maoísta de la guerra civil mundial «de los partisanos» en el siglo siguiente, que se extendió como un reguero de pólvora por una pradera quemada por el sol, pero que ahora ya no es practicable.

Otra forma de decir los dos niveles, esta vez con lenguaje posterior al 68. Deleuze y Guattari en *Mil mesetas* afirman, algo alejados de sus exégetas, que si la multiplicidad micropolítica (deseos, afectos, pasiones) no pasa a lo macropolítico, es decir al dos de la oposición que opera por «macrodecisiones y elecciones binarias», simplemente no existe: «las fugas y los movimientos moleculares no serían nada si no volvieran a pasar por las grandes organizaciones molares y no modificasen sus segmentos, sus distribuciones binarias de sexos, clases, partidos», y de raza agregamos nosotros.

<17>

Se puede ampliar esta afirmación hoy de esta manera: si lo micropolítico no pasa a lo *macropolítico* impuesto por la guerra y la guerra civil, no es que no exista, no es *que se disuelva en la nada*, sino que, peor aún, en lugar de seguir siendo pluralista, se convierte en micropolítico fascista, se convierte en deseos, afectos, pasiones racistas, sexistas y clasistas. Esta es la razón principal por la que el mundo se vuelve fascista. La reorganización y el cuestionamiento de los segmentos binarios se convierte en política identitaria, en transindividualidad reaccionaria, porque no hemos sabido organizar los deseos, los afectos y las pasiones en un proyecto de destrucción de las relaciones de explotación y sometimiento. Si la enemistad no se dirige contra aquello que la ha suscitado, seguirá encontrando al enemigo en el inmigrante, en el extranjero, en el otro, seguirá expresándose, incluso a través de fundamentalismos y fascismos de todo tipo. Solo una intensidad política al nivel de la guerra civil desencadenada por el enemigo puede recuperar y organizar a las clases populares.

Las luchas locales (obreras, anticoloniales, feministas, ecologistas), las prácticas micropolíticas y sus procesos de subjetivación, constituyen relaciones de fuerza, praxis, estrategias de la multiplicidad, que nunca pueden considerarse como una realidad en sí mismas, siempre están insertas, reverberando, actuando, convergiendo en lo global del poder y del mercado mundial. La dimensión macropolítica, que podemos llamar totalización estratégica porque al mismo tiempo captura la multiplicidad dentro de organizaciones molares y binarias, nunca puede encerrarse en un «todo» y siempre es, en cambio, como un mar tempestuoso agitado por fuerzas opuestas. La acción política tiene lugar en la encrucijada entre lo macro y lo micro, mientras que hoy parece escindida en dos realidades que no se comunican: una geopolítica, como competencia y enfrentamiento de los grandes poderes estatales y económicos, por un lado; y una micropolítica de producción existencial, de formas de vida, subjetivaciones, prácticas de libertad encerradas en sí mismas, por el otro. Deleuze y Guattari nos invitan a captar lo que falta, el punto en el que las estrategias macro y micro se encuentran y luchan entre sí.

La guerra civil contrarrevolucionaria en curso desde después de 1968 tiene la particularidad de ser radicalmente asimétrica, solo un bando combate con determinación y es el de los Estados y el de los diferentes capitalismos. A falta de un posicionamiento autónomo, la condición del proletariado es impuesta por sus adversarios: sufre la guerra civil mundial.

Los diversos componentes del proletariado bajo la forma adoptada desde 1968 no ofrecen ninguna resistencia significativa, porque, «proletarios sin revolución», son tan incapaces de organizar potencias y acumular fuerzas como las generaciones revolucionarias del pasado reciente.

Pero el modelo de guerra civil mundial partisana que tuvo éxito en el siglo XX *ya no es pertinente*. Tenemos que resolver el mismo problema, en condiciones diferentes.

La derrota de la revolución mundial en los años 70 fue la derrota del sujeto que la llevaba y organizaba, la clase obrera. Si abandonamos el punto de vista eurocéntrico del marxismo occidental, podemos ver que ya en el siglo XX, la clase obrera no jugó el papel estratégico que se le suele atribuir. En las grandes revoluciones del siglo XX —en particular en las asiáticas que tuvieron enormes consecuencias en el mercado mundial porque, aunque derrotadas, provocaron el

desplazamiento de la acumulación de capital hacia el Este—
la clase obrera no jugó un papel decisivo. Las revoluciones se
hicieron con las categorías desarrolladas a partir del análisis
de la clase obrera y su explotación en Europa (marxismo del
siglo XIX), pero se adaptaron ingeniosamente a situaciones
de gran «atraso» en el desarrollo, donde la clase obrera no era
central. Políticamente, se reconfiguraron para funcionar en el
imperialismo y la *guerra civil mundial*, dos realidades que el
siglo XIX (Marx, para el caso) no conocía. En realidad, la que
hizo las revoluciones victoriosas del siglo XX fue una composición de clase completamente distinta de la occidental .

La multiplicidad que parece haberse convertido en nuestro problema no surge con el final del siglo XX. La composición de clase siempre ha sido multiplicidad, del mismo modo
que los conflictos han sido multiplicidad: pensemos en *El
18 Brumario*, de Marx, donde las dos clases de su Capital,
capitalistas y trabajadores, están inmersas en una pluralidad
de sujetos, intereses y contradicciones. Esta multiplicidad es
aún más evidente en el gran Sur, una multiplicidad sin un
centro sociológico/económico (la clase obrera), pero los revolucionarios inventaron un centro político.

<19>

La clase obrera tuvo su papel histórico y su legitimidad en su capacidad de sostener el enfrentamiento cuando
alcanzó el punto decisivo, estratégico y macropolítico, en el
que múltiples conflictos cristalizaron en un dualismo cuyo
juego era el poder de la máquina Estado-capital y su cambio
radical. Los niveles de lucha desde los lugares de explotación
y dominación, ya fuera a nivel productivo, reproductivo o
social, crecieron en intensidad y se concentraron en un dualismo macropolítico que la clase supo asumir y gestionar. Si
no había clase obrera, como en el gran Sur, el dualismo de
poder se afirmaba porque seguía siendo capitalismo, Estado
y su poder. La historia como lucha de clases propuesta por el
marxismo, la que utilizaron las revoluciones sin clase obrera.
Y eso es lo que está surgiendo ahora, pero sin la inteligencia
política de hace un siglo.

Hoy en día, la clase obrera, al igual que la multiplicidad,
está profundamente transformada y radicalmente debilitada. La pluralidad en la que parece haberse disuelto no es un

vago y genérico *conjunto de individuos o singularidades*. Por el contrario, está estructurada por una serie de dualismos de poder (hombres/mujeres, blancos/racializados, patrones/trabajadores) en torno a los cuales se organizan la explotación y la dominación, parcelando y reduciendo la autodenominada complejidad. Divisiones que funcionan hoy como terminales de movimientos y teorías que, justamente, no tienen como referencia una multiplicidad genérica, sino dualismos precisos, descriptibles y organizables, y su dimensión de fuerza colectiva (el movimiento feminista, el movimiento decolonial, el movimiento obrero, el movimiento ecologista).

<20>

No es que la clase obrera haya desaparecido, de hecho hoy hay muchos más trabajadores en el mundo que en los años sesenta, pero esta nueva composición de la multiplicidad ya no puede desempeñar la función de sintetizar la hostilidad estratégica contra el poder.

Dar el salto de un nivel de confrontación (los dualismos de clase, sexo, raza) a otro en el que se confronta al poder en general, es imposible para el proletariado y los movimientos políticos post-sesenta y ocho. Tienen «miedo al dos», como diría Tronti, se niegan a pensar en este dualismo que, sin embargo, se ha materializado varias veces desde 2011 (Egipto, Túnez, Chile, Irán, Perú, etc., y de manera más débil, integrada, contenida en España, Estados Unidos, Turquía, etc.). Precisamente por esta negación, los movimientos se deshacen inevitablemente. Un «dos» al que se llega tanto más fácilmente con la guerra y la guerra civil declaradas.

Pero incluso con esta multiplicidad, el dualismo del que habla el soldado bolchevique en la cita inicial siempre cristaliza: el conjunto del proletariado en su pluralidad, por un lado, y la máquina Estado-capital, por otro. Esta cristalización se da sea cual sea el nivel que asuman las fuerzas productivas (material, inmaterial, informático, asistido por inteligencia artificial, biopolítico, etc.). La burguesía mencionada en el diálogo perdió gran parte de su fuerza porque en un régimen de monopolio se pierde su identificación con el capitalista.

Los capitalistas saben ver en esta multiplicidad *un único enemigo* para que «quien no esté con uno esté con el otro», como sabiamente dice el soldado. El enfrentamiento generalizado en todos los campos fue el objetivo que se han marcado, y con esta firme convicción vencieron. Una tarea facilitada en gran medida por la ideología del *conflicto todo positivo, todo afirmativo,* y de la política de rechazo del «poder inmanente de lo negativo, de sus formas elevadas y noblemente destructivas».

La síntesis y el proceso de totalización de la multiplicidad, necesarios para sostener el enfrentamiento actual, ya no pueden tener lugar bajo la forma del partido que llevó al proletariado a la victoria. El «todo» que requiere este conflicto no puede ser cerrado, sino abierto, un proceso que no unifique ni homogenice la multiplicidad, al tiempo que garantice la centralización a pesar de la diversidad. Es una solución difícil de lograr, pero no se ve ninguna otra alternativa viable.

<21>

Es cierto que las relaciones de fuerza, vista la impotente debilidad, *desaconsejan aceptar hoy un enfrentamiento general.* Pero para acumular fuerzas, la idea reguladora (sobre la que medir las formas de lucha y los modos de organización, sobre la que pensar la táctica y la estrategia, el corto y el largo plazo) tenía que ser esta: la unidad política de la multiplicidad de sujetos. *No el éxodo, la huida, las formas de vida, las técnicas de libertad, el espíritu libre, las vidas liberadas, los intersticios, las zonas liberadas, la ética, la deserción, la producción de subjetividades, etc.,* que eran evanescentes precisamente porque no hacían la transición a la macropolítica, y porque no podían en modo alguno organizar la resistencia y el ataque, sino solo coexistir con los poderes constituidos y ser tolerados por ellos.

Como las luchas del ciclo abierto por la Revolución francesa, los movimientos contemporáneos se sublevan, rompen el *continuum* del poder, *pero no consiguen desencadenar procesos de acumulación de fuerzas.* Desde 2011, primera respuesta a la crisis financiera, se han rebelado con gran intensidad en el Sur, y de forma más integrada en el Norte. En África del Norte, como en América del Sur, los levantamientos han elevado el nivel de confrontación hasta el punto de cuestionar no solo el sexismo, el racismo, el clasismo, sino el poder que los gobierna a todos sin reducirse nunca a ellos.

La relación negación/afirmación, acontecimiento/proceso, es pensada y practicada por los movimientos solo dentro de las diferentes relaciones de poder (sexual, racial, de clase), pero el poder no los agota en el ejercicio de estas dominaciones. A pesar de la debilidad subjetiva de los movimientos, la realidad del enfrentamiento de clases supera estos límites imponiendo una confrontación directa con lo que, *en esa coyuntura,* se presenta como «el» poder (piénsese en el nivel de lucha alcanzado en la fase «constituyente» abierta por la insurrección en Chile). Solo el poder constituido gestionó este dualismo estratégico que la lucha de clases en su diversidad había determinado, solo el poder actuó coherentemente dentro de la guerra civil que se había abierto, por ejemplo, en Egipto.

<22>

La máquina Estado-capital es también una multiplicidad, funciona a partir de una pluralidad de subjetivaciones (capitalistas, financieras, políticas, estatales, administrativas, militares, etc.) y, sin embargo, es capaz de recomponer esta pluralidad en la lucha contra un *enemigo único*: el proletariado. La recomposición política de este último plantea, en cambio, varios problemas. Por un lado, la producción de subjetividad parece hoy reducirse a una transformación ético-antropológica. Su creación, por otra parte, debería pasar necesariamente, no por una intersección genérica, sino por una organización capaz de sostener el dualismo. Además, el proceso de construcción del sujeto colectivo tiene lugar en el marco de la guerra civil y de la guerra, no es una simple relación en sí misma, porque es continuamente atacada, disminuida, bloqueada, desviada, integrada por el enemigo. Por último, nunca se ha investigado qué subjetividad militante sería necesaria para lograr dicha recomposición, qué rupturas implicaría con las subjetividades de las revoluciones del siglo XX. La subjetivación hoy es solo una ética, micropolítica, ¡por tanto impotente!

El capital contemporáneo ha acabado con el largo plazo, las crisis se suceden sin interrupción, y cuando las crisis superpuestas no producen los resultados esperados, no se duda en lanzar la guerra, la guerra civil, el genocidio, la masacre y la limpieza étnica. Entonces, ¿dónde pensamos que podemos estabilizar todos estos hermosos proyectos formulados por las teorías y movimientos contemporáneos (formas de vida, técnicas de libertad, vidas liberadas, espíritu libre, líneas de fuga, etc.) cuando el capital presiona y destruye todo espacio autónomo e independiente si no se defiende y garantiza mediante la acumulación y el ejercicio de la fuerza? La oposición reformas/revolución no tiene ningún sentido, porque la posibilidad de las primeras fue anulada por la derrota de la revolución, que era la única que las hacía posibles.

La multiplicidad no es ya revolucionaria, el ser no es ya «revolución», porque no hay potencia revolucionaria sin acumulación de fuerza, sin rupturas políticas; al contrario, en el capitalismo contemporáneo, la multiplicidad significa dispersión, fragmentación, explotación, dominación y desesperación. La multiplicidad no existe porque debe ser construida y su producción diferenciadora debe pasar necesariamente por el «dos» de la negación del poder si quiere existir. Solo en estas condiciones puede afirmarse la multiplicidad, la libertad sigue dependiendo del proceso de liberación, del éxodo del capitalismo y de su destrucción, las vidas liberadas se construyen dentro de los procesos de desestructuración del enemigo, de lo contrario será él quien actúe con la violencia que tenemos ante nuestros ojos, y que un Occidente, destinado al ocaso, permite.

<23>

De las masas no cualificadas surgió la clase obrera como sujeto político, de las masas cualificadas por los dualismos, o surgirá un nuevo sujeto político, o la explotación, la dominación, el genocidio, la guerra, se perpetuarán.

1. Relaciones de fuerza y naturaleza del conflicto

«La guerra es solo la realización extrema de la hostilidad. No tiene necesidad de ser algo cotidiano o normal y ni siquiera de ser vista como algo ideal o deseable [...] no quiere decir en absoluto, sin embargo, que la esencia de lo "político" no sea otra cosa que la guerra sangrienta y que toda negociación política deba ser una batalla militar, que cada pueblo se sitúa continuamente delante de todos los demás [...] La guerra no es pues ni un fin ni una meta, o tan solo el contenido de la política, sino que es su presupuesto siempre presente como posibilidad real».

Carl Schmitt

«La gran temporada de distribución de derechos sociales inaugurada hacia finales del siglo XIX, y que duró casi hasta finales del siglo siguiente, coincidió no casualmente con una gran temporada de guerras civiles y de temores de guerra civil [...] Tanto es así que es difícil no sospechar que el reflujo de estos temores facilitó la declinación de muchos de esos derechos y la consiguiente recuperación de las desigualdades sociales de los últimos treinta años».

Alessandro Colombo

«Nos espera a la puerta la crisis económica, y tras ella una sombra, la próxima guerra».

Walter Benjamin

Cuando prácticamente había terminado de escribir este texto, el conflicto entre Israel y los palestinos volvió a estallar, abriendo un nuevo frente en la guerra mundial que cristaliza aún más radicalmente, y de forma diferente, las divisiones que ya habían surgido con la guerra de Ucrania. La dimensión *colonial* del conflicto permite explicar la hipótesis que

<25>

propusimos con Eric Alliez en 2016: la guerra entre Estados contiene, y fue originada por, una multiplicidad de guerras y de guerras civiles (de clase, de raza, de sexo) que la máquina Estado-capital, al mismo tiempo, distingue y vincula, separa y reconduce, tarde o temprano, a un único conflicto global.[1] La guerra mundial en curso no es, por tanto, un choque de civilizaciones, culturas y mundos —como quisiera la ideología estadounidense—, sino la explicitación del conjunto de divisiones que definen al capitalismo y que, al menos cuatro veces en el transcurso de poco más de un siglo, desembocaron en guerras civiles mundiales, el doble de las guerras planetarias. Esta es la «ley» de la acumulación capitalista: la guerra forma parte de su esencia al igual que el crédito, las máquinas, la fuerza de trabajo y la explotación de las «fuerzas productivas», constituyendo al mismo tiempo «una fuerza económica» y el elemento central de sus estrategias. El texto inicial quería leer la guerra civil mundial, no a partir de la guerra en Ucrania, sino desde dentro de un país occidental, Francia. El exterminio masivo organizado por Israel, con la complicidad criminal de los países occidentales, nos empuja a trazar un frente de guerra que se extiende hasta cerca de Taiwán. Me limité a añadir un análisis de este nuevo episodio de la guerra mundial en curso en la parte central del texto.

Los «acontecimientos» que han afectado a Francia durante el último año han dado lugar a algunas consideraciones, al margen de las vertidas en mi libro anterior, *El imperialismo del dólar. Crisis de la hegemonía estadounidense y estrategia revolucionaria* (Tinta Limón, 2023). Francia constituye un síntoma relevante de la guerra civil mundial en curso porque está comprometida en dos frentes: el interno, con una sucesión de conflictos que afectan a todas las articulaciones del poder, y el externo, donde las ex colonias del antiguo imperio intentan deshacerse del actual poder neocolonial (situación que se verifica tanto a nivel financiero/monetario como de la extracción de materias primas). La disputa entre imperialismos continúa, se extiende y atraviesa África y el planeta, estallando en Oriente Medio con

---

[1] *Véase Guerras y capital* (Tinta Limón/Traficantes de sueños/La Cebra, 2021)

el resurgimiento de lo que se quería negar —la colonización de Palestina—, mientras los conflictos internos no se rinden ante la fuerza del enemigo.

Movilizada en el frente de las luchas internas por el control de la guerra civil y en el frente externo por el control del mercado mundial, Francia es un buen ejemplo de los *impasses* de Occidente, que con la guerra en Ucrania cree poder evitar (o al menos dilatar) el declive de su dominio unilateral sobre el planeta y recuperar el control total de los conflictos internos que se están radicalizando.

<27>

Una serie de artículos sobre la lucha de clases en Francia aparecidos recientemente en la revista *online Machina* se limitan al conflicto interno ignorando la función desempeñada por el imperialismo regional francés en África. Se separan así los dos niveles de análisis, cuando es evidente que la dimensión internacional tiene un fuerte impacto en los conflictos internos. Pero hay algo aún más preocupante: estos artículos no mencionan en lo más mínimo la guerra entre imperialismos en Ucrania y reproducen así los límites de los conflictos que, aunque importantes, se han desarrollado en Francia en el último año: desde este enfoque la guerra y la división que produce entre el Norte y el Sur global, entre Occidente y el resto del mundo —y que revela la nueva distribución de las relaciones entre las fuerzas político-económicas— es irrelevante para el destino de la lucha de clases.

Si el internacionalismo político no parece estar en agenda, restablecerlo y reinventarlo en el nivel del análisis parece una premisa necesaria. La acción de la resistencia palestina, en otro plano, lo relanzó masivamente.

Más allá de la coyuntura, la guerra impone también la redefinición teórica del capitalismo y sus dinámicas, del Estado y sus estrategias hasta ahora pensadas para excluirla. Pero sobre todo nos obliga a cuestionar la evolución del conflicto de clases. ¿Nos estamos deslizando, tal vez, hacia un nuevo tipo de guerra civil mundial que se desarrolla desde principios del siglo XX –por momentos de modo clandestino, por momentos de modo abierto– bajo las formas políticas del liberalismo y la democracia, y que durante un breve periodo fue posible transformarlo en revoluciones?

La guerra entre Estados y entre imperialismos acentúa y, a la vez, simplifica el conflicto porque lo reduce a un conflicto amigo-enemigo. En estas condiciones, incluso la situación interna se convierte en un espacio de guerra. La economía, la información, la tecnología y la democracia están inevitablemente destinadas a verse afectadas por una dinámica de choque frontal que progresivamente irá cerrando cualquier espacio «democrático» para la acción política.

<28>

Para encubrir la cruda realidad de las divisiones cada vez más profundas, se inventan y se inventarán nuevas versiones de la «guerra justa»: democracia contra autocracia, libertad contra tiranía, el civilizado Biden contra el bárbaro Putin, islamismo contra los valores occidentales, etc.

La invención de la «guerra justa» es una hazaña de la teología cristiana para justificar lo que es injustificable según los propios principios del Evangelio. Ahora vuelve el peliagudo argumento teológico-político, rechazado con un golpe de revés por Maquiavelo: los Estados van a la guerra por razones de poder, no hay buenos ni malos porque ambos son «justos». La legitimación de la «guerra justa» –con la que Estados Unidos ya se ridiculizó al invadir Irak en busca de armas de destrucción masiva solo vistas por el Pentágono– es la razón por la que los periodistas se ponen el casco.

Pero lo que me interesa de la guerra civil es otro aspecto: su negación como matriz del poder. La afirmación de que la guerra civil no existe es uno de los primeros axiomas del ejercicio del poder desde la guerra civil ateniense, que terminó con la victoria de los demócratas sobre los oligarcas en el año 403 a. C. (*polis*, *politeia* son nombres que deben reparar el escándalo de lo «uno que se divide en dos», un exorcismo lingüístico que debe restablecer la unidad y la indivisibilidad de la «comunidad política»), pero también es un punto de vista compartido por el pensamiento crítico y por los movimientos emergentes dentro de la contrarrevolución. Lo que se eliminó es el hecho de que la guerra civil no interviene cuando el poder constituido se disuelve, sino que es el elemento constitutivo que lo «habita, atraviesa, anima, inviste, por todas partes», una realidad velada por el economicismo, el tecnologismo y el sociologismo de los distintos análisis críticos.

Después de estar ciegos ante la realidad de la guerra, corremos el riesgo de estarlo también ante su doble: la guerra civil. Si el concepto de guerra no se cuestiona lo suficiente, la guerra civil es la gran ausente del debate tanto teórico como político, a pesar de que «lejos de ser un fenómeno «exótico», secundario y periférico, la guerra civil constituye una experiencia central como pocas en la historia europea y, no por casualidad, también uno de los temas centrales de la reflexión histórica, filosófica y jurídica que la acompañó», hasta el punto de —agrega Alessandro Colombo—, «dar a la guerra civil "un privilegio evidente" en el pensamiento político frente a todas las demás formas de guerra». <29>

Sin temor a contradicciones, se puede afirmar que Occidente en su conjunto estuvo marcado por este tipo de situaciones desde la antigua Grecia donde, entre el 500 y el 300 a. C. hubo alrededor de un centenar de conflictos, siendo la «desunión» y los «tumultos» los «dos estados de ánimo» de los nobles y los plebeyos que, según Maquiavelo, hicieron a Roma «libre y poderosa». Las grandes guerras civiles campesinas (Muntzer y la guerra anabaptista como su apogeo), asfixiadas por enormes masacres, empujaron a los señores feudales a la transición al capitalismo para erradicarlas, según una tesis de Silvia Federici.

Desde finales del siglo XVIII, la guerra civil estuvo estrechamente entrelazada con las revoluciones, derrotadas en el siglo XIX y victoriosas en el siglo XX, que se sucedieron a un ritmo que la humanidad nunca había conocido. Después del final de la Segunda Guerra Mundial asistimos a una verdadera «avalancha de guerras civiles» (Koselleck) de los «pueblos oprimidos» en la lucha contra el colonialismo, posible gracias a la apertura habilitada por la Revolución soviética.

En la década de 1980, tras la derrota de la revolución mundial, Roman Schnur observó que la eliminación de la guerra civil, especialmente en el pensamiento crítico, iba de la mano de su avance a nivel planetario.

Con el fin de la Guerra Fría y la derrota de la revolución mundial, la guerra civil se disociará de la revolución, pero seguirá haciendo estragos. En 1992, inmediatamente después de la caída del Muro de Berlín, hubo un máximo de 48 guerras civiles en un solo año. La implosión de la Unión Soviética no abrió la fase de exportación de la democracia y la paz económica, según la persistente ilusión liberal y capitalista, sino que favoreció la intensificación de los conflictos. Más bien Estados Unidos, con un comprobado saber estratégico, redujo estos conflictos al terrorismo. La ideología del Departamento de Estado con su «fin de la historia» intenta enmascarar lo mejor que puede el *incipit* siempre verdadero y actual del *Manifiesto comunista*: «Toda la historia de la sociedad humana, hasta la actualidad, es una historia de luchas de clases. Libres y esclavos, patricios y plebeyos, barones y siervos de la gleba, maestros y oficiales; en una palabra, opresores y oprimidos, frente a frente siempre, empeñados en una lucha ininterrumpida, velada unas veces, y otras franca y abierta, en una lucha que conduce en cada etapa a la transformación revolucionaria de todo el régimen social o con la ruina común de las clases en lucha». El final de esta cita, las diez palabras que la componen, «o con la ruina común de las clases en lucha», nunca fue realmente tenido en cuenta. En los revolucionarios dominaba una filosofía de la historia, una fe en el progreso de la humanidad que los autores del *Manifiesto* no parecen compartir. Hoy en día, sin la acumulación de fuerza y organización de la potencia por parte de los oprimidos, este es uno de los resultados más probables de las guerras en curso.

Lo que causa verdadero pánico en las clases dominantes es la guerra civil y, desde luego, no las guerras entre Estados, que, por el contrario, o bien son el medio de resolver el choque entre soberanías, o bien se fomentan y organizan para contener, neutralizar, reprimir, la revuelta de los pobres, de la plebe, de los explotados. Por eso siguen llamándola «la peor de las guerras», porque lo que peligra cada vez es su poder. El gran temor llega cuando la guerra civil se convierte en revolución y en toma del poder. En ese momento están preparados para cualquier brutalidad, cualquier violencia, cualquier exceso (la Comuna de París). Pero el mayor pánico llegó con la versión comunista de la guerra civil, porque ataca el verdadero credo del liberalismo y la democracia: la propiedad privada.

Las luchas de clases que no se convierten en guerras civiles y revoluciones no preocupan lo más mínimo a nuestros patrones, siempre pueden gobernarlas con concesiones y represiones y, desde la derrota de la revolución mundial, incluso sin ninguna concesión, pero recuperando uno a uno todos los derechos que se vieron obligados a conceder.

<31>

A la gran derrota de las generaciones posteriores al 68 contribuyó poderosamente —en una época en la que se celebran los afectos, los deseos y las pasiones alegres— la anulación de lo que Walter Benjamin consideraba «el valor político insustituible del odio de clase», y que toda la historiografía burguesa identifica como el mal radical que conduce a la guerra entre «hermanos». En lugar de la pasión que sabe inmediatamente «quién» es el enemigo, prefirió refugiarse en el «amor» del otro, condición de la relación consigo mismo, de las técnicas de libertad, de las formas de vida, de la producción de subjetividad, de la vida como obra de arte. La Ética es el gran malentendido de nuestro tiempo porque «la clase desaparece, en esta escuela, tanto el odio como la voluntad de sacrificio». Ambos se alimentan, de hecho, de la imagen de los antepasados esclavizados.

Hoy se ha perdido todo rastro de las llamadas pasiones «tristes», algunas de las cuales son muy útiles, precisamente porque está en juego la lucha de clases («dos clases, y quien no está con una está con la otra», como dice el soldado soviético). El giro ético como alternativa a la política es el síntoma más evidente de una involución de conceptos y movimientos.

Esta es la trampa en la que nunca han caído nuestros enemigos. A pesar de la victoria de su clase, durante los veinte años de su dominación política y cultural, Silvio Berlusconi siempre nombró a los comunistas como «el» enemigo, aunque, entretanto, ya no existieran. Sin embargo, no debemos concluir que era un psicópata al que hay que analizar a través de su inconsciente y el de las masas. Señalar al enemigo es, en cambio, un lúcido instinto de clase de los reaccionarios, apoyado por un odio partidista igualmente intenso, porque la posibilidad de que estalle una guerra civil es siempre real, siempre presente, y tanto más peligrosa si es comunista, de lo que Berlusconi dedujo, correctamente, que los comunistas siguen siendo el principal enemigo. Inteligencia política de reaccionarios que consideran que desaparecido no significa muerto, «conscientes» de que las condiciones del capitalismo son siempre favorables a su pesadilla: la abolición de la propiedad privada.[2]

<32>

Las palabras de Carl Schmitt citadas al principio deberían tranquilizar a quienes piensan que abordar teóricamente la guerra equivale a adoptar una posición «belicista». En cambio, evitan que nos caigamos de las nubes cada vez que estalla una guerra y/o una guerra civil, incluso en la «pacificada» Europa (primero en la ex Yugoslavia, hoy en Ucrania). La reaparición de la guerra significa que en el fondo de la sociedad capitalista siempre ha existido una división cuya irreconciliabilidad se expresa en el enfrentamiento guerrero. La posibilidad de la guerra es siempre real porque la sociedad está atravesada por dualismos fundamentales: dualismo entre propietarios y no propietarios (de los medios de producción; hoy de la moneda y de los activos financieros), dualismo racial-colonial y dualismo de género, que es el nivel alcanzado por las «fuerzas productivas».

El punto de vista que parte de la guerra civil a partir del cual leer las relaciones de poder no es un punto de vista belicista ni militarista, pero tampoco pacifista. En el

---

[2] Hoy encontramos el mismo punto de vista en Javier Milei, el presidente de Argentina, a quien no aconsejo tomarlo por loco o psicópata. Dijo en Davos, en enero de 2024: «Hoy estoy acá para decirles que Occidente está en peligro, está en peligro porque aquellos, que supuestamente deben defender los valores de Occidente, se encuentran cooptados por una visión del mundo que —inexorablemente— conduce al socialismo, en consecuencia a la pobreza. [...] Los neo-marxistas han sabido cooptar el sentido común de Occidente. Lograron esto gracias a la apropiación de los medios de comunicación, de la cultura, de las universidades, y sí, también de los organismos internacionales».

capitalismo, repetimos, la guerra civil no es el contenido de la política, sino «su presupuesto siempre presente como posibilidad real» porque fluye como un río kárstico bajo las relaciones de fuerza pacificadas por la dominación capitalista y del Estado.

Según Schmitt, las divisiones, «cuya consecuencia extrema es la agrupación amigo-enemigo (que se manifiesta en la guerra y la revolución), se convierten en abstracciones vacías y ausentes de vida si se elimina esa situación». Tal vez se le podría objetar que, en el capitalismo, la guerra civil y su estrategia continúan por otros medios (económicos, políticos, sociales, de información), de modo que estas relaciones de poder nunca se convierten en «abstracciones vacías y ausentes de vida», sino que hacen estragos, siempre listas para radicalizarse en guerra civil abierta y guerra entre Estados, como hemos visto en la evolución contemporánea de la acumulación mundial de capital que ha alcanzado la fase final de su ciclo iniciado en los años setenta. Esto era muy previsible si no se consideraba el capitalismo solo como producción, técnica, ciencia, trabajo, es decir, solo como fuerzas productivas y relaciones de producción.

<33>

Debemos entender con Marx la guerra civil a partir de esta división, de este enfrentamiento entre «dos bandos enemigos» y los conflictos que necesariamente se desprenden de este. La eliminación de la formación de los dualismos de clase, género y raza desarrollados por la guerra civil de conquista y apropiación, su producción precedente y fundante por ser constitutiva de las clases subyugadas, parece estar inscrita en la práctica política de los movimientos contemporáneos. Las consecuencias de estas divisiones recaen sobre ellos en forma de precariedad, inflación, congelamiento salarial, destrucción del *Welfare*, desestructuración subjetiva, etc. y ahora guerra y guerra civil, ambas a nivel mundial.

Si podemos hablar de revolución no es porque esté en la agenda, sino porque a partir del siglo XX siempre estuvo asociada a la guerra. El capitalismo, al querer completar su mundialización y no lograrlo, abre brechas, con el conflicto armado entre imperialismos, en su capacidad de controlar y reproducir el sistema. El tiempo continuo y lineal del desarrollo económico terminó y estamos entrando en un tiempo que se sale de sus bisagras, un tiempo abierto, impredecible, donde está en juego el «colapso» de este capitalismo y el futuro del mundo. A medida que la guerra civil mundial se intensifique, será difícil encontrar las fuerzas capaces de transformarla en una revolución. En el norte del mundo, por el momento, no hay «deseo» de revolución, sino solo su necesidad.

La evolución: del conflicto a la guerra

<34> Digamos de entrada que el enfrentamiento entre imperialismos, entre Estados del Norte y del Sur globales, solo nos interesa como marco en el que se desarrolla y se seguirá desarrollando la guerra civil mundial, y la posibilidad eventual y remota de revertirla rompiendo tanto el unilateralismo estadounidense como el multilateralismo defendido por el sur global, dos versiones diferentes de la dominación del capitalismo y el Estado a nivel del mercado mundial.

El objetivo de la guerra en Ucrania es la definición de un «Nomos de la tierra» sin precedentes, que Estados Unidos no ha logrado imponer con su mundialización político-financiera. En el sentido de que el Imperio estadounidense —y no el Imperio supranacional de Negri y Hardt, que ni siquiera llegó a comenzar— vivía de la ilusión de poder ejercer su poder unilateral sobre el globo, algo que la misma acumulación mundial de capital liderada por Estados Unidos volvía imposible.

A diferencia de la mundialización anterior (1870/1914), que completó la colonización iniciada en 1492 al hacer de todo el planeta una posesión europea, la mundialización contemporánea —que comenzó después de la derrota de la revolución mundial en los años 1970— ya no pudo organizarse completamente y hasta el final en detrimento del sur. Un sur que, por el contrario, transformando el agotamiento de las revoluciones socialistas y anticoloniales en Estados y capitalismos locales, ha podido acumular riqueza y poder, escapando así, de manera cada vez más evidente, del poder secular occidental. En esta lucha por el mando del mercado mundial entre potencias, la enemistad parece total y la hostilidad máxima. Para Lenin, en cambio, por ser una guerra entre poderes homogéneos, la considera un «simple juego», a pesar de su terrible violencia y su enorme fuerza destructiva. A sus ojos, solo la guerra civil revolucionaria es una verdadera guerra.

Dado el desmoronamiento de la mundialización, ¿cómo recuperar las posibilidades de una ruptura revolucionaria? Lo que debería interesarnos no es la oposición/acuerdo entre los Estados y sus capitalismos diferenciales, sino las luchas de clases que se pueden desarrollar con ocasión de este conflicto, evitando cuidadosamente ponerse del lado de tal o cual imperialismo, de tal o cual fundamentalismo. La Primavera Árabe, las luchas francesas, la insurrección chilena, la revuelta en Irán, las movilizaciones en Argelia, todas las luchas que expresan intereses, deseos y puntos de vista de clase, raza y sexo han superado la alternativa entre multilateralismo y unilateralismo —aunque sea por un corto periodo tiempo, dado que fueron rápidamente reprimidas y derrotadas—, pero también la escuálida elección entre los fundamentalismos de las iglesias evangélicas norteamericanas, los ayatolás del mercado y el fundamentalismo islámico en el que se reflejan especularmente. Solo en estas luchas podemos encontrar las condiciones y los sujetos para la construcción de una fuerza política autónoma, la única capaz de sacar a la luz las divisiones de clase, raza y sexo asfixiadas por la lógica y los juegos de poder geopolíticos de la dominación global o regional.

<35>

La geopolítica nos proporciona solo la lógica de las potencias, no la de las clases. El punto de vista del proletariado no coincide con los intereses de los Estados y de sus élites gobernantes. La movilización por Palestina se ha manifestado de manera incontrovertible en todo el mundo.

El concepto de Occidente es ambiguo, resbaladizo, peligroso de manejar, por lo que merece una aclaración: expresa el punto de vista del capitalismo y su democracia, pero no significa un todo homogéneo. El término abarca a los gobiernos, las administraciones estatales, los capitalistas y banqueros, hombres de Estado y sus valores, su sistema de poder (interno y colonial) y su ideología. Así pues, hablar de

Occidente implica, en primer lugar, esta realidad. También puede incluir a las clases explotadas y al proletariado en su conjunto, cuando estos no rompen con la acumulación mundial, con la financiarización, con el racismo, con el sexismo, con la democracia del capital, sino que funcionan como elementos del sistema, como engranajes de su funcionamiento. Sin embargo, se trata de recomposiciones más que precarias, porque desde este punto de vista, Occidente es un tejido social desgarrado, en proceso de desintegración, profundamente dividido por la contrarrevolución. Los estadounidenses con la guerra en Ucrania, y posteriormente con el apoyo a la limpieza étnica israelí, han compactado a los gobiernos y clases dirigentes de los países del norte, pero siguen sin inmutarse explotando, dominando y empobreciendo a sus clases sociales. Lo que les gustaría presentar como un frente occidental unido está en cambio atravesado por guerras civiles más o menos rastreras, Estados Unidos y Francia sobre todo. Dividir al proletariado de esta ideología «occidentalista» es la primera tarea de cualquier fuerza revolucionaria.

El error político que de ningún modo se debe cometer es el de caer en la trampa del choque entre civilizaciones, de la guerra entre religiones de matriz estadounidense. El ejemplo de Francia es emblemático: el laicismo, presumiblemente de origen ilustrado, es puesto en tensión —desde principios de los años '80— por un racismo contra los musulmanes, un fanatismo estatal digno de los mayores fundamentalismos contra sus ciudadanos de origen no occidental. A propósito del conflicto en Oriente Medio, la Unión Judía Francesa por la Paz (UJFP) recuerda que el racismo institucional tiene hoy como principal objetivo al «musulman» que derrotó al «judío»:

> Este gobierno y sus aliados se autodenominan «defensores de la República» bajo el pretexto de la guerra que Israel libra contra los palestinos para utilizar a los judíos, en Francia, para otro enfrentamiento contra los musulmanes.

El Estado se suma a la histórica *color line*, la *religion line*, para afirmar la división de su población a través del racismo institucional. Son los Estados los que fomentan y gestionan las políticas de identidad.

<36>

La única posibilidad que tenemos que evitar es el cierre de las luchas, las revueltas, las insurrecciones que se desarrollan en el Norte y el Sur globales dentro del conflicto entre Estados. Lo que impone la masacre de Gaza es volver a las tradiciones revolucionarias del internacionalismo.

Las borracheras de los aceleracionismos futuristas, el enamoramiento de lo más nuevo, de lo cada vez más moderno, de la última innovación, de la última tecnología[3] —la encarnación de un «progreso» que todavía cree en un destino de la historia a pesar de todos los anatemas lanzados contra él— desembocaron, una vez más, en la idea de revolución como «liberación de las generaciones futuras». <37> Walter Benjamin nos advirtió poco antes de morir que la fuerza del proletariado se debilita, porque al mirar solo al futuro perdemos la voluntad de ruptura que se nutre «de la imagen de nuestros antepasados encadenados, y no de una posteridad liberada».

Solo partiendo de la tradición del internacionalismo, de su lógica de clase, y reinventando sus luchas globales, podremos distinguir los enemigos que habitan en el Norte y el Sur, podremos discriminar, de vez en cuando, entre amigos y enemigos en función de la fase, de las relaciones de fuerza, de las exigencias del proceso revolucionario. Cada vez, en función del nivel alcanzado por las luchas, se podrán elegir alianzas y enemistades, pero solo a partir de la autonomía e independencia del punto de vista proletario dentro de un proyecto internacionalista.

Sin embargo, la estrategia de lucha debe tener en cuenta las relaciones de fuerza establecidas por los enemigos de clase entre sí, y entre ellos y un «nosotros» (por el momento inexistente). Se trata entonces de hacer un primer y tal vez aburrido esfuerzo «geopolítico», sobre todo en Europa, el más deteriorado de los «actores» del mercado mundial, con el que solo los incautos pueden contar como sujeto político dotado de algún proyecto que no sea el de su esclavitud. Pero incluso dentro de la guerra global por la hegemonía

---

3 Véase la proliferación de libros sobre China y la tecnología, al igual que no hace tanto sobre Japón y la innovación, ahora ya olvidados.

sobre el mercado mundial, debemos dirigir nuestra atención —manteniendo la geopolítica en un segundo plano— hacia los conflictos de clase, género y raza y su evolución.

El fin de la mediación y de Europa

Desde la posguerra, el capitalismo experimentó diferentes tipos de conflictos vinculados a las relaciones de fuerza entre las clases, distintos también según se desarrollaron en el centro o en la periferia. Entre 1945 y 1970, en Occi-
<38> dente, las guerras civiles contra el fascismo produjeron una democracia de partidos, una versión *aggiornada* de la democracia ciudadana, en la que el conflicto capital-trabajo funcionó como motor dialéctico del desarrollo, tanto de las instituciones democráticas como de la economía; mientras en el Sur hacía estragos la guerra civil socialista o de liberación nacional. Con la derrota de la revolución mundial en los años setenta, con las guerras civiles en América Latina, con las victorias políticas de Thatcher y Reagan sobre la clase trabajadora del Norte, con la victoria de la derecha en la revolución cultural en China, el pacto capital/trabajo, en el que se basó la dinámica del conflicto de posguerra, fue unilateralmente denunciado a principios de los años 70 porque produjo —según la Comisión Trilateral— un incremento de las demandas de salarios, ingresos y derechos sociales y políticos en la economía por parte de los oprimidos. Así, *se rompe toda mediación* y comienza una larga, larguísima venganza del capital y del Estado que recupera, con intereses, lo que tuvieron que conceder a las «revoluciones».

La contrarrevolución ha trabajado durante mucho tiempo en el desmantelamiento de los salarios y del *Welfare*, sin encontrar prácticamente ninguna resistencia significativa por parte de un proletariado cada vez más débil y perdido, logrando así una victoria tras otra.

El colapso del sistema financiero marca un paso más en esta estrategia de *rechazo a la mediación*, por lo que el conflicto se radicaliza. Especialmente después de 2008, la Primavera Árabe, los levantamientos chileno e iraní, pero

también las diversas experiencias de reformismo desarrolladas en América Latina, parecen durar poco porque no
existen las condiciones para un «compromiso».

La guerra interimperialista que estalló en 2022 determina un paso más y definitivo en la centralización y el cierre
de todo espacio político, de toda mediación significativa.

En Estados Unidos, la progresiva guerra civil que llevó
a Trump a la presidencia y que Biden no pudo neutralizar
va acompañada, tras la gran revuelta antirracista de 2020,
de una reanudación de las luchas salariales en diversos
sectores, con una intensidad y una circulación que no se <39>
había visto en décadas. Después de los trabajadores de UPS,
los *hotel workers* de Los Ángeles, los guionistas y actores
de Hollywood, los trabajadores del automóvil están ahora
apunto de ir a la huelga —el número de huelgas se redujo
considerablemente, lo que no les impide exigir aumentos
salariales del 40 %—. Si el dólar está fuerte debido a la guerra, el control sobre la composición de clase no lo parece. El
conflicto palestino-israelí tiene y tendrá importantes repercusiones, tanto en los movimientos (de #BlackLivesMatter
a #PalestinianLivesMatter) como en las instituciones (en
las elecciones presidenciales del próximo año se verá cómo
aumenta la distancia entre los demócratas y su base).

Las políticas de la Reserva Federal (inflación galopante,
fortalecimiento del dólar y aumento de la deuda de los países más pobres) tuvieron inmediatamente repercusiones al
otro lado del mundo, constituyendo la chispa que encendió
la revuelta en Bangladesh. En Dacca, huelgas salvajes, ataques, saqueos, devastación de fábricas textiles y enfrentamientos muy duros con la policía son las condiciones para
obtener aumentos salariales. Confrontar los métodos de
huelga en Estados Unidos y en el Sur del mundo sigue siendo
muy útil: el diagnóstico de Marx sobre el empobrecimiento
general producido por el desarrollo del capitalismo es cierto,
no para todos los proletarios del mundo, sino para la gran
mayoría. La integración exitosa del proletariado (o de parte
de él) en el Norte presupone la superexplotación, el robo, la
apropiación gratuita (o a muy bajo costo) de mano de obra
y recursos en el Sur. La ausencia de cualquier mediación,

de cualquier política de integración, pone de manifiesto la necesaria diferencia de desarrollo entre el Norte y el Sur en la que se basa la acumulación de capital, pero en la que también se basaron todas las revoluciones exitosas del siglo XX. Si en aquella época los campesinos aportaban la mayor parte de las fuerzas revolucionarias, hoy los trabajadores «sin revolución» están ubicados, en su mayoría, en el Sur global.

<40>

La guerra de Ucrania es la oportunidad que ha aprovechado Estados Unidos para poner definitivamente de rodillas económica y políticamente a Europa. No solo ha dirigido el gasto público hacia el rearme, completando la destrucción del modelo social del *Welfare* europeo, sino que también está conduciendo hacia una pesada crisis económica. Alemania ya lleva varios trimestres en recesión, como claramente deseaba y anticipaba simbólicamente el sabotaje del Stream 2; el resto de Europa (la zona del euro), con un crecimiento negativo, sigue de cerca a la economía más importante y dominante del continente. El arma más importante utilizada son las sanciones económicas contra el gas y el petróleo ruso, que era la fuente de energía barata del modelo alemán (energía = producción).

Un estudio del Institut der Deutschen Wirtschaft (Iw) ya habla del «inicio de la desindustrialización» de Alemania.[4] El mismo Instituto señala también que el desplome de las exportaciones se combina con «el aumento de los gastos para el pago de los carísimos suministros energéticos estadounidenses, las subvenciones de la energía a empresas y familias y la reconstitución de los depósitos de armas vaciados por las entregas no reembolsables a Ucrania, que se alcanzará en gran medida mediante la compra de sistemas de armas fabricados por el «complejo militar-industrial» estadounidense».[5]

---

4 Según el mismo Instituto, Alemania se está marginando de la economía mundial. Durante 2022, realizó inversiones extranjeras directas por valor de 135 mil millones de euros y en el mismo periodo recibió una entrada de capital extranjero por valor de solo 10,5 mil millones. El atractivo alemán está en declive.

5 En 2022, las industrias estadounidenses de combustibles fósiles ganaron la astronómica cifra de 120.000 millones de dólares más que el año anterior, lo que supone casi el doble de todos los fondos asignados por los Estados Unidos a Ucrania (menos de 70.000 millones de dólares).

Otro Instituto (el European Council on Foreign Relations) habla del «arte [europeo] del vasallaje» y de la «americanización de Europa», a quien Washington obligó a cortar el vital suministro energético de Rusia y a «apoyar la política industrial de los Estados Unidos y contribuir a garantizar el dominio tecnológico estadounidense sobre China [...] limitando las relaciones económicas con la República Popular China basándose en las limitaciones impuestas por Estados Unidos».[6]

Esto ocurre a nivel industrial, mientras que a nivel monetario/financiero se está produciendo el abandono de la moneda única europea en favor de un retorno al dominio absoluto del dólar. Los datos sobre la tendencia de las transacciones internacionales en la plataforma SWIFT, la más importante, no admiten discusión: el uso del euro se está derrumbando literalmente a favor del dólar.[7]

<41>

Al igual que pasó con Japón a finales del siglo pasado, el imperialismo estadounidense también está imponiendo un futuro de estancamiento en el viejo continente (con una inflación desbocada, ¿estamos ya en estanflación? ¿Está la contrarrevolución volviendo al punto de partida de los años '70?). Políticamente, la estrategia angloamericana dejó fuera de juego al eje franco-alemán y colocó a Polonia y a los países del Este al mando de Europa, imaginando una Europa de nacionalismos, de nuevos fascismos, de sexismos y racismos.

Desde el siglo XX, la guerra es el momento en que Europa invariablemente aprovecha para suicidarse: ya ocurrió con las dos guerras mundiales y con la guerra actual se ha

---

6 En el mismo informe: «El déficit comercial de dimensiones estratosféricas, equivalente a la cifra récord de 432 mil millones de euros, registrado por la Unión Europea en 2022 resulta, en parte, nada irrelevante, de la degradación del "viejo continente" a un papel meramente auxiliar respecto de Estados Unidos y sus estrategias y, por las mismas razones, corre el riesgo de cristalizar hasta el punto de asumir un carácter estructural».

7 Si en mayo de 2021 la situación era incluso favorable a la moneda única europea, con un 39 % de las transacciones realizadas en euros frente a un 38,3 % en dólares, desde entonces el ratio se ha invertido, cayendo en julio pasado: solo el 24,4 % de las transacciones estuvieron realizadas en euros, frente al 46,5 % en dólares.

suicidado definitivamente. En el viejo continente la revolución también parece haber sido asesinada: aquí se produjo un largo suicidio, que comenzó hace un siglo, con la votación de los créditos de guerra en 1914 por parte de la socialdemocracia alemana.

Los europeístas se parecen cada vez más a la profecía de Walter Benjamin según la cual la historia forjaría la síntesis de dos conceptos de Nietzsche, el «buen europeo» y el «último hombre», «el más despreciable» porque «vuelve todo más pequeño», porque no quiere superarse y porque su raza es «tan inextinguible como la de las pulgas». Benjamin nos incita a luchar para no convertirnos en ese «último europeo» concentrado en la mediocridad, el resentimiento y el espíritu gregario que, para no morir, este hombrecito blanco está dispuesto a desatar —en su versión estadounidense— una violencia ilimitada que cultiva sin solución de continuidad desde 1945. Se trata más bien de «abandonar» políticamente a Europa (todos sus proyectos imposibles) que, paradoja de la historia, de gran colonizador se ha convertido en colonia (estadounidense).

<42>

Sin encontrar reacción alguna, los estadounidenses humillan y someten a Europa porque quieren dos cosas: que la cuestión rusa sea definitivamente cerrada y que los europeos sean firmes aliados «atlánticos», sin ninguna vacilación, sin ninguna duda, para la futura y decisiva guerra con China. Todos los pequeños Estados europeos se han inclinado servilmente hacia el amo, incluso en contra de sus propios intereses.

Alemania representa la situación europea mejor que otros países: el sabotaje de su economía por parte de Estados Unidos con la guerra en Ucrania amenaza también la integración de la clase obrera y el proletariado en la «economía social de mercado». Cada vez hay y habrá menos dinero para pagar la paz social: se están desarrollando luchas salariales sin precedentes en el país del orden liberal (ordo-liberalismo), al tiempo que la derecha fascista, que la Constitución había declarado ilegal, junto con los comunistas, está de vuelta. Estados Unidos, como siempre, es un aprendiz de brujo, cree controlar Europa y la está convirtiendo en un polvorín que la austeridad, la inflación y las políticas monetarias no hacen más que alimentar. Si estalla, corre el riesgo de volver a ser «fascista», quizás bajo el liderazgo de los países del Este, donde la extrema derecha, financiada y armada hasta los dientes por la guerra de Ucrania, es ya una fuerza política que puede intervenir de forma contundente en la próxima y probable desintegración de la Unión Europea.

Europa no solo paga la guerra de Ucrania, sino que sigue suministrando armas para la masacre del pueblo palestino y financia el proyecto de vaciar Gaza de palestinos deportándolos a campos de refugiados en el Sinaí egipcio. Ursula von der Leyen, candidata a comparecer ante un futuro tribunal internacional de crímenes de guerra, aportó a Al Sisi 9.000 millones de euros para favorecer la deportación. Egipto ya ha recibido compromisos de instituciones internacionales (FMI, Banco Mundial, UE, Afriexibank) para préstamos de 26.000 millones de dólares que se utilizarán con el tiempo para la limpieza étnica israelí mediante la deportación de parte de los palestinos al Sinaí. En un abrir y cerrar de ojos, las democracias apoyan políticas de las que dicen estar en contra.

<43>

Quinientos años de imperialismo no se deshacen con unas décadas de democracia neocolonial, o aún colonial como la francesa. Israel representa perfectamente lo que Europa fue y lo que sigue siendo, por lo que no se identifica inmediatamente con el ejercicio de su poder. Sigue siendo válida la afirmación del poeta Aimé Cesaire: «Europa es indefendible». Quizá solo se pueda volver a pensar en Europa después de su implosión.

Las insurrecciones de la Primavera Árabe tuvieron lugar dentro de una lucha entre los imperialismos occidentales en el continente africano. Después de la derrota de las insurrecciones en Egipto, Túnez, los Emiratos Árabes, los estadounidenses y los europeos han desatado guerras y guerras civiles sangrientas (Libia, Siria, etc.), han financiado el terrorismo islámico, han comprado a la burguesía local y solo se han escandalizado con los golpes de Estado que no respondían a sus intereses, generando miseria neocolonial a través de depredaciones de todo tipo.[8] La guerra en Ucrania no ha hecho más que revelar y reforzar el desafío a Occidente que recorre toda África, donde no solo los «aliados» atlánticos (franceses y estadounidenses) intentan debilitarse mutuamente, sino también donde los «aliados» europeos se arrastran unos a otros (como Italia y Francia en Libia).

En América Latina, la frenética sucesión de insurrecciones (Chile), de experimentos reformistas y reaccionarios/fascistas, de golpes de Estado democráticos (Brasil, Perú) parece no tener fin. En el origen de la gran inestabilidad política está ciertamente la crisis económica (de deuda) que parece encaminar al continente hacia soluciones autoritarias. La «teoría de las olas» de izquierda y derecha que, a su turno, sumergen a América Latina, no parece tener en cuenta el desplazamiento radical y general hacia la derecha del eje político a nivel planetario. Las guerras que han estallado en los dos últimos años dejan poco (o ningún) espacio a las hipótesis reformistas, como las que sostiene la mencionada teoría. La hegemonía ejercida sucesivamente por la derecha y la izquierda en varios países de América Latina no está destinada a durar. No obstante, Milei amenaza con ser un punto de inflexión para todo el continente. Con él, la contrarrevolución supera otra etapa en la marcha triunfal de la propiedad privada. Es difícil ver cómo Lula y otros gobiernos del continente pueden oponerse a ello con sus programas medio reformistas, medio neoliberales. Al mismo tiempo, en muchos países latinoamericanos se ha cruzado un umbral de violencia nunca antes experimentado, una proliferación *aparentemente inconexa y no politizada* que constituye la otra cara de las políticas ultraliberales de Milei y que Raquel Gutiérrez define como un nuevo tipo de contrarrevolución: durante la huelga de Ecuador en 2019:

> Asistimos a una especie de exacerbación de la violencia que tiene detrás de sí una intencionalidad implícita de despolitizar, de intervenir en los sucesos en marcha y de cambiar el registro con acciones que tienen efectos cruentos

<44>

---

8 África posee el 30 por ciento de las reservas minerales del mundo, el 40 por ciento de las reservas de oro, el 33 por ciento de los diamantes, el 80 por ciento de coltán (teléfonos móviles), el 60 por ciento del cobalto (baterías), el 55 por ciento del uranio, etc.

[...] Y también ha variado, efectivamente, la manera como se ejerce la contrainsurgencia política [...] Había entonces, en términos de represión, una combinación entre violencia selectiva, violencia masiva, captura, desaparición — pero desaparición política—, etc.; esa era la manera en que una solía entender la contrainsurgencia, a través de todo tipo de acciones militares y paramilitares violentas. Esta forma de contrainsurgencia se ha ampliado masificándose y variando para enfrentar los levantamientos y movilizaciones masivos que hemos vivido.

Incluso la versión occidental de la alternancia regular de gobiernos de distinto color de centro (centro-derecha y lo que antes se llamaba centro-izquierda) es progresivamente sustituida por la llegada al poder directamente de fascistas o, lo que es lo mismo, por la gestión y aplicación de sus políticas e ideologías por gobiernos «democráticos». <45>

Las democracias se hacen compatibles con las nuevas formas de fascismo, mientras la crítica al genocidio del que nacieron en la posguerra se transforma en incitación y financiación para su recreación en la piel de otro pueblo considerado inferior, al tiempo que crece el odio a todo lo que normalmente no es blanco. La generalización del estado de guerra y de guerra civil, dentro de la perpetuación de la crisis económica y de la crisis ecológica, es el horizonte cada vez más actual que no requeriría como respuesta adecuada, ni oleadas, ni reformismos, ni centrismos, sino una ruptura radical que nos encuentra poco preparados hasta para pensarla.

La madre de la guerra es la acumulación de capital. Nunca hemos salido de la crisis estadounidense de 2007, que se exportó a todo el mundo. El gobierno estadounidense, a través de la Reserva Federal, continúa haciendo que los oprimidos del mundo entero, incluidos los proletarios de su país, paguen por la crisis crediticia privada estadounidense de 2007. Después de haber inundado los bancos con miles de millones, ahora, por miedo a la formación de burbujas (que de todos modos ya están bien desarrolladas), ha desatado una inflación que pesa sobre los salarios congelados en Europa desde hace años. La subida de las tasas de interés y el consiguiente fortalecimiento del dólar hace estallar la deuda y la miseria de los países más pobres. La crisis global de la deuda pública y privada nacida en los Estados Unidos es la espada de Damocles que ahora y siempre pende sobre la cabeza de la acumulación mundial de capital.

La inflación mundial —unida a la reducción del gasto social estatal destinado a financiar armamentos, sector constitutivo del capital, especialmente en un periodo de incapacidad para salir de la crisis financiera— ha derribado la última mediación, *la del consumo privado y público* que más que las instituciones democráticas era garantía de consenso y pacificación.

<46>

Con la guerra «ecológica» se reúnen todas las condiciones para una intensificación de la guerra civil mundial.[9] Es como si las clases dominantes fueran conscientes de que ya no existen más condiciones keynesianas (políticas públicas), ni schumpeterianas (grandes innovaciones, ciertamente, no será la inteligencia artificial la que sacará al capitalismo mundial de sus *impasses*), ni ecológicas (la energía fósil siempre estará en el centro de la economía capitalista), ni geopolíticas (el Sur rechaza su saqueo secular) para una nueva acumulación, para una mayor transformación, al menos a corto plazo, del capitalismo. De ahí la necesidad de austeridad, de trabajo servil, precario, de destrucción del *Welfare*, etc. y la necesidad imperativa, también, de cancelar, neutralizar y criminalizar todo conflicto, porque el sistema no produce ningún margen para el compromiso. Solo una revolución imposible podrá «civilizar» un presente y un futuro que presentan destrucción y muerte. Solo una ruptura radical tendrá la capacidad de frenar el desencadenamiento de todo tipo de violencia, miseria, fascismo, racismo, sexismo, en los que, además, ya estamos inmersos.

---

9 En 2022 se batió el récord de fondos públicos destinados a nivel mundial para carbón, gas y petróleo: 1400 billones de dólares.

2. Guerra civil y revolución

«Y es por eso que la existencia fuerte y generalizada de la política proletaria nunca puede crear la economía de la guerra civil revolucionaria».

Alain Badiou

Francia es un caso ejemplar de cómo, en el Norte del mundo, hemos pasado progresivamente del «conflicto» de los Treinta Gloriosos a una situación de guerra civil asimétrica que poco a poco se vuelve menos furtiva y más abierta.

En el conflicto por las pensiones (primavera de 2023), al igual que antes con el movimiento de los chalecos amarillos, se pudo ver un gobierno decidido a no hacer la más mínima concesión al movimiento que se oponía a la extensión de la edad de jubilación, incluso si estaba liderado por sindicatos reformistas. Cuando los ecos del marzo francés aún no se habían apagado, la revuelta de las *banlieues*, tras el asesinato de Nahel (un joven de los «barrios populares») a manos de un policía, tuvo lugar en un marco político determinado por la exclusión de cualquier mediación con los «colonizados del interior». Los «indígenas de la república» (los «Sur» que viven en el Norte) deben ser integrados económicamente como trabajadores pobres, precarios, serviles y políticamente excluidos: el racismo hacia los musulmanes es un eje estratégico de todos los gobiernos. La misma actitud de rechazo se adoptó respecto de las luchas de los ecologistas cuando se prohibió la organización *Le soulevement de la terre*.

Esta formidable secuencia de luchas está «gobernada» por la acción de la policía y del poder judicial que adapta continuamente la ley para legitimarla y legalizarla. La

<47>

declaración de los sindicatos policiales en defensa del policía que mató a la joven Nahel debe leerse como señal de la intensificación del conflicto («Hoy los policías están librando una batalla porque estamos en guerra» contra las «hordas salvajes» de jóvenes de barrios populares, definidos como «nocivos»; «mañana entraremos en resistencia y el gobierno tendrá que tomar nota»). La policía acompaña y hace posible la centralización del ejecutivo porque es *la única institución capaz de gestionar el rechazo del conflicto y la mediación por parte del Estado*. A cambio, el gobierno le concede la máxima libertad de acción cubierta en todos <48> los aspectos por el poder judicial.

Desde el inicio de su mandato presidencial, Macron ha gobernado *con y gracias* a la policía. La acción ejercida desde el poder sobre los distintos sectores de la clase es efectivamente la de *gobierno, pero la de un gobierno de guerra civil*, exactamente lo contrario del funcionamiento de la gubernamentalidad teorizado por Michel Foucault: «El poder, en el fondo, es menos del orden del enfrentamiento entre dos adversarios [...] que del orden del "gobierno"». Es un modo de acción que no es «ni guerrero ni jurídico». Por tanto, el poder no debe buscarse en el lado de la «violencia y la lucha», sino del gobierno.

La acción real del poder contra esta larga y formidable secuencia de luchas consiste en un ejercicio eficaz, cotidiano y normalizado de la violencia, un modo de acción a la vez «guerrero» (policía) y «jurídico» (poder judicial). Su brutalidad no paró de crecer hasta culminar en la represión de la revuelta en las *banlieues*, donde la policía movilizó todo su aparato represivo y el poder judicial todo su arsenal jurídico, evidenciando la lógica de la «colonización del centro» que está en marcha desde la década de 1980.[1]

---

[1] La policía detuvo a 3.400 «rebeldes» en cuatro noches. En quince días se dictaron 1.278 sentencias sumarias, con un índice récord de condenas del 95 %. El 63 % fueron condenados a prisión, con una pena media de 8,2 meses. Muy a menudo, se trataba de simples robos ocurridos en los márgenes de la revuelta. En el curso de las investigaciones que siguieron a la revuelta se practicaron otros cientos de detenciones. El policía que mató a Nahel ya está en libertad.

Francia, enfrentada desde hace más de dos siglos a revoluciones, revueltas y guerras civiles en el área metropolitana y en las colonias, a menudo ofreció a otros Estados de todo el mundo las técnicas de represión que debían adoptar y las disposiciones jurídicas que las acompañan y legitiman (el último y sensacional caso: los militares argentinos de la dictadura que arranca en 1976 fueron entrenados en las técnicas probadas en la guerra de Argelia). En 2017, el gobierno francés puso fin al «estado de emergencia» vigente desde los atentados de noviembre de 2015. Esta legislación especial había sido establecida durante la guerra de Argelia y reforzada en 2005, durante la revuelta de las *banlieues*, como prueba de la continuidad de la política colonial francesa, fuera y dentro de las fronteras de la nación. Pero la suspensión del estado de emergencia es solo formal porque las disposiciones excepcionales se han integrado en el derecho común, primero de forma experimental en 2017 y luego definitivamente con la ley del 30 de julio de 2021. Durante la larga lucha contra la reforma de las pensiones, estas leyes excepcionales, ahora integradas en el derecho común, han sido ampliamente utilizadas sin que casi nadie se dé cuenta de que las medidas adoptadas por los prefectos en varias ciudades eran dispositivos normalizados del estado de emergencia. La afirmación de Walter Benjamin de que «para los oprimidos, el estado de excepción es la regla» ha encontrado su institucionalización.

<49>

El derecho ordinario no solo ha integrado las leyes del «estado de emergencia», sino que a través de los tribunales lleva a cabo la venganza del Estado y de las clases dominantes contra quienes se han atrevido a rebelarse. La violencia de las desproporcionadas penas infligidas a los jóvenes insurgentes son los tributos pagados a la sacralidad de la propiedad y el orden.

Partiendo de la diferente naturaleza de los conflictos internos y externos, una primera pregunta se impone necesariamente: ¿por qué hacia el interior el poder francés resulta victorioso en todos los conflictos de los últimos años, mientras aparece cada vez más maltrecho y derrotado en el Sur, en sus antiguas colonias? Los soldados franceses son expulsados de Mali, Burkina-Faso y Níger. Nada nuevo, desde cierto punto de vista, porque todas las revoluciones del siglo XX fueron derrotadas en el Norte y victoriosas en el sur global (excepto la revolución portuguesa, cuyo éxito se encuentra, también aquí, en la intensidad de las luchas victoriosas contra la colonización). Incluso la mayor potencia militar de la historia, Estados Unidos, ha perdido y sigue perdiendo todas las guerras libradas en el Sur global.

<50>

El problema que ya no se plantea es el de la articulación entre centro y periferia, plano en el que la revolución mundial del siglo XX fue derrotada. El poder lo articula una y otra vez, y desde hace siglos, tanto desde el punto de vista económico como político, la Internacional de los Explotados solo desde 1864; mientras que hoy el internacionalismo les parece a los movimientos una reliquia de un pasado lejano. La disyunción de estas dimensiones de la lucha, la incapacidad de siquiera plantear el problema es sin duda uno de los orígenes de la impotencia actual.

La heterogeneidad del poder imperial y del poder metropolitano, la diferencia todavía radical en la gestión del mando, el control, la represión y los dispositivos de gobierno entre lo externo y lo interno, las diferencias permanentes en las luchas que se desarrollan en el Norte y en el Sur, deben ser tematizadas y problematizadas.

La guerra civil mundial ya está en marcha desde los años '70, pero en el Norte *solo la libra un bando*. Por este motivo promete ser diferente de las guerras civiles del siglo XX. También podría denominarse *guerra civil asimétrica* por varias razones.

La máquina Estado-Capital no tiene que enfrentarse a ningún oponente político capaz de imponer una relación de fuerzas decisiva como lo hizo el movimiento obrero en el siglo XX.

Desde la década de 1980 ningún movimiento ha amenazado o amenaza la existencia del capitalismo porque, a pesar del pretendido radicalismo, todos han demostrado ser compatibles con su existencia.

Las guerras civiles, libradas solo por un bando, tienen la posibilidad de multiplicar estrategias más o menos violentas, más o menos democráticas, más o menos autoritarias. Precisamente porque carecen de un enemigo real, pueden mantener el enfrentamiento más allá de la hostilidad extrema. Y porque la guerra civil es la estrategia de la máquina Estado-capital, el poder también puede tener, como en Francia, un rostro «democrático». Pero, al proceder sin mediación alguna, impone a las luchas una disyuntiva que no pueden sostener: o se gana o se pierde. ¡Por el momento se está perdiendo!

<51>

A pesar de su excesivo poder, la máquina Estado-capital empuja cada vez más los desequilibrios, la apropiación de la riqueza, las centralizaciones del poder y del mando, con el riesgo de que la guerra civil asimétrica en curso encuentre enemigos reales y consolide niveles de organización adecuados al nivel del conflicto.

El intento de despolitizar el conflicto mediante la gubernamentalidad neoliberal ha fracasado. La tarea de controlarlo y contenerlo hoy la comparten igualmente regímenes autoritarios, neofascistas, racistas y sexistas y partidos «democráticos». La democracia institucional compite con la primera en la promulgación de leyes verdaderamente fascistas y racistas, leyes de guerra civil declaradas contra inmigrantes y musulmanes. Estas legislaciones son lugares de experimentación en la gestión del choque frontal entre «civilizaciones».

Hay quienes todavía piensan, como Roberto Esposito, que se puede gobernar el conflicto construyendo una relación «dialéctica» con las instituciones. Pero están sencillamente equivocados de época, porque el escenario que se abre ante nosotros es el de una guerra civil mundial.

Solo una verdadera amenaza comunista había abierto un breve periodo de democratización (en el Norte). Las condiciones para que el conflicto funcionara «dentro y para las instituciones occidentales» habían sido la Revolución soviética, las revoluciones en el Sur global y las luchas de clases en el Norte. Derrotada la revolución, el sistema revela

hoy la división irreconciliable que define su naturaleza: guerra y guerra civil regresan al final del ciclo de acumulación
iniciado en los años 1970.

Formación del Estado y guerra civil

Una aclaración importante: cuando hablamos de guerra, siempre debemos entender primero a la guerra civil
y, mejor aún, la guerra civil mundial. La que conmocionó
a las sociedades europeas desde la Revolución francesa
no es la guerra entre Estados, sino la guerra civil: ya no
guerras civiles de religión, o incluso entre facciones de la
aristocracia o de la burguesía, sino una guerra civil de clases continua, subterránea o abierta; de ahí la necesidad
de centralización (económica, política, militar) de mando
sobre el trabajo y la sociedad.

Con la guerra civil de clases comienza la decadencia
del Estado, tal y como había sido configurado por el Trata-
do de Westfalia, e incluso antes, desde la conquista de las
tierras «libres» del Nuevo Mundo, capaz de mantener «la
paz, la seguridad y el orden», en el interior, y luchar contra
el enemigo, en el exterior. La policía reina sobre la sociedad, la soberanía decide sobre las guerras entre Estados. La
irrupción de las «masas» pondrá radicalmente en duda el
monopolio estatal sobre la política y la toma de decisiones,
porque esta es reclamada y ejercida por sujetos no estatales
(trabajadores, mujeres, esclavos, colonizados).

Como escribe Reinhart Koselleck, no fue ni la acumulación originaria, ni el capitalismo naciente, ni la guerra lo
que determinó la «existencia y la forma» del Estado, sino
la «necesidad de acabar con la guerra civil» (de religión),
había que neutralizar ese conflicto mortal. La pacificación
de la sociedad se logró desarmando la violencia interna y
canalizándola hacia el conflicto interestatal.

La revolución comunista rompió esta organización
sobre la que se había construido el sistema político burgués:
la guerra civil de clases hace saltar por los aires la distinción
entre *lo externo* y *lo interno* (el internacionalismo proletario

<52>

actúa a través de esta separación), la *guerra* y la *paz* se desplazan porque ambas solo expresan los intereses de la máquina Estado-capital.

La revolución tendrá como objetivo principal repolitizar lo que la «policía» y la gubernamentalidad han despolitiza-do, transformando el conflicto interno, así restablecido, en ruptura del orden constituido. Con las revoluciones proleta-rias que se desarrollan en las periferias y en el sur del capi-talismo, donde la guerra y las guerras civiles hacen estragos sin interrupción, el Estado se ve desposeído de otra de sus prerrogativas, el *jus belli* que era el único capaz de ejercer: los esclavos de Haití ya habían declarado la guerra a los imperios coloniales, derrotando a los dos más importantes (Inglaterra y Francia). Y los bolcheviques, con la revolución contra el capital y el Estado ruso, habían inaugurado la Pri-mera Guerra Civil Mundial.

<53>

Aquí es útil el punto de vista de Michel Foucault cons-truido durante el periodo de tiempo 1971-1975, en el que hizo de la guerra civil el modelo de las relaciones sociales. La guerra civil no es la guerra de todos contra todos de Hobbes, un enfrentamiento entre una multiplicidad de individuos «libres», sino todo lo contrario, un enfrentamiento entre fuerzas colectivas y organizadas. No se produce ni antes de que surja el sistema político, determinando su constitución, ni después, expresando su disolución y degeneración. Por el contrario, la guerra civil define la estructura misma del sistema político, su funcionamiento normal, cotidiano.

La soberanía no es la superación de la guerra civil, sino su despliegue, contra cualquier ideología de la misión paci-ficadora del soberano. La política, pero también la econo-mía, son la guerra civil librada por otros medios, por lo que debemos invertir y ampliar el sentido de la famosa fórmula de Clausewitz: la política es la continuación de la guerra por otros medios, dando por incluida la guerra civil entre clases, ya que el prusiano solo se refería a las relaciones entre Esta-dos. La dialéctica hegeliana es, para Foucault, una negación de la guerra civil, porque el trabajo de lo negativo funciona como una superación de la hostilidad, una conciliación ya contenida en la oposición.

Por todo ello, la primera tarea del poder es negar la existencia de la guerra civil. Desgraciadamente, como asustado por tanta lucidez, esta es también la posición que adoptará Foucault en la continuación de su obra y, con más graves consecuencias, lo que afirmarán también los movimientos a partir de los años ochenta. La guerra civil parece, así, un recuerdo de épocas pasadas, mientras que sigue siendo, obstinadamente, la estrategia de un partido único a partir de los años setenta. El poder tiene una larga memoria de la que carece el débil, desorganizado y olvidadizo proletariado contemporáneo. La fuerza que está en el origen de la destrucción de la aristocracia del antiguo régimen, la fuerza que las revoluciones proletarias expresaron e impusieron a través de las guerras civiles, queda en manos exclusivas del enemigo de clase que la utiliza sin freno.

<54>

La guerra civil se define como la «verdadera» guerra porque en este conflicto no es posible un alto el fuego, un compromiso de paz como en la guerra entre Estados. Una de las dos fuerzas contendientes gana y la otra pierde. Lo que hay que aniquilar es la potencia, la fuerza organizada, los valores del adversario, es decir, su política. Pero es una guerra «real» por otra razón fundamental: en la guerra civil, especialmente cuando es revolucionaria, las fuerzas contrarias no son homogéneas. En las guerras entre Estados, lo que está en juego es la dominación sobre un poder y un capitalismo cuyos dispositivos y valores ya conocemos, nada nuevo, solo un cambio de amo. En la guerra civil los «opuestos» son radicalmente heterogéneos: el sujeto político que recompone las fuerzas de clase no *contradice* al capital y al Estado, sino que afirma el comunismo. Las fuerzas no se oponen sobre la base de una relación de mando y obediencia, no podemos definir *una como activa y la otra como reactiva*, como sigue siendo el caso dentro de la relación entre fuerzas productivas / relaciones de producción, porque ambos son sujetos estratégicos, ambos son procesos de subjetivación que, para afirmarse, deben negar al enemigo. Las fuerzas de clase no reciben su significado de otra cosa (como las fuerzas productivas del capital), sino que se lo dan a sí mismas de forma autónoma. Ya no hay medida de la relación, porque no hay «relación» (la relación se da entre fuerzas productivas y relaciones de producción, relación de capital), pero aquí estamos más allá de la relación y, por tanto, más allá de la mediación: antagonismo que destruye la relación, es decir, que extingue las clases y el Estado, la distribución y la medida de mando y obediencia que de ella se deriva.

Lo que hay que evitar absolutamente: tirar al bebé (negación, destrucción) con el agua de la bañera (dialéctica), reducir la ruptura a mera creación. Practicar la negación y la destrucción fuera de la dialéctica, más allá de la contradicción y de la medición.

<55>

¿Poder constituyente?

El spinozismo político puso de moda el poder constituyente, de modo que incluso la lucha más pequeña sería su expresión. Pero en la modernidad, el poder constituyente es una consecuencia directa de las guerras civiles, las insurrecciones, las revoluciones. Toda apertura del tiempo constituyente no es resultado de una potencia ontológica genérica de las masas, de la clase, de la Multitud. Más bien, requiere una estrategia para quebrar el poder establecido, una derrota infligida al enemigo de clase: el ejemplo más reciente lo proporciona Chile, donde solo las grandes jornadas insurreccionales de 2019 crearon la posibilidad de declarar abierta una fase constituyente. La reversión de la fase constituyente contra los movimientos que la habían producido se debe probablemente a que *el periodo constituyente no fue interpretado como una continuación de la guerra civil por otros medios* (a diferencia del enemigo, no se sostenía un punto de vista de clase sobre la situación pos-insurreccional).

En la modernidad, todas las grandes constituciones, todas las grandes transformaciones políticas, institucionales, jurídicas, sociales y económicas han sido producidas, paradójicamente, «por el peor flagelo de la *polis*», por la «peste» de la «abominable» guerra civil, una «plaga que acecha a la sociedad» (así la definían los enemigos de la democracia en Grecia, porque guerra civil y democracia significaban, según Aristóteles, revuelta y *poder de los pobres*):

la «revolución» estadounidense, la Revolución francesa, la soviética, la mexicana, la china, la vietnamita, la cubana, la iraní, etc., todas ellas son el resultado de la «más dura de todas las guerras» capaz de producir un cambio radical en el sistema económico, social, político, y en los valores que lo fundaron.

Las «democracias europeas» nacieron de las guerras partisanas contra el fascismo. Incluso el gran desarrollo económico de China surge de una guerra civil más o menos progresiva y más o menos violenta: la «revolución cultural». Solo después de la victoria política de una parte sobre otra, de la afirmación de quienes querían imponer la producción occidental incluso en un país socialista, el capitalismo se afirma. Por lo que se podría enunciar una «ley» general: primero *la revolución, o la guerra entre Estados o entre imperialismos, luego la producción; primero la guerra de clases, luego la economía, el derecho, el sistema político y su gobierno.*

<56>

La guerra y la guerra civil son fuerzas económicas, sociales y políticas o, para ser más precisos, constituyen las condiciones políticas para que estas fuerzas surjan y se desarrollen. De ellas depende el modo de producción, el sistema político, la forma que adoptará una sociedad, para bien o para mal. El trágico caso de la Guerra Civil española nos deja muchas lecciones negativas en este sentido. La victoria de Franco impuso un capitalismo asfixiado, un sistema político y social radicalmente reaccionario, diferente al de otros países europeos.

La guerra civil es una formidable máquina de producción y transformación de subjetividad. Gianfranco Miglio considera el enfrentamiento fratricida la más «real», la más «total» de las guerras: «Esta radicalidad, a su vez, clarifica por qué las guerras "civiles" normalmente producen clases políticas más compactas y mejor equipadas para contar más adelante en el proceso histórico», y sistemas institucionales más duraderos e importantes.

La constitución de nuevos sujetos políticos, las formas inéditas de acción colectiva, los saltos y rupturas que se producen en las subjetividades, se configuran dentro de estos conflictos, algo pasado por alto por las teorías modernas que, paradójicamente, tienen al «sujeto» en su centro (Foucault), la «producción de subjetividad» (Deleuze y Guattari) y la «subjetivación de la Multitud» (Hardt y Negri). La transformación de los modos de sentir y de sufrir, de los afectos y de la sensibilidad es inseparable de las grandes rupturas políticas de masas.

Foucault, antes de teorizar sobre la gubernamentalidad, el neoliberalismo y la fabricación del sujeto según cánones ético-estéticos, lo sabía bien: «La guerra civil no solo pone en escena elementos colectivos, sino que los constituye. Lejos de ser el proceso por el cual se vuelve a bajar de <57> la república a la individualidad, del soberano al estado de naturaleza, del orden colectivo a la guerra de todos contra todos, la guerra civil es el proceso a través del cual y por el cual se constituyen una serie de nuevas colectividades inexistentes antes de ella».

Está muy claro que hasta que no vuelva esta conciencia, la fantasía de las potencias constituyentes será solo el marco de la reproducción sin fin de nuestra derrota.

La revolución y la guerra civil tienen una relación problemática entre sí. Toda revolución es también una guerra civil, pero no todas las guerras civiles son revoluciones. Si la revolución es fruto de la modernidad, la guerra civil es tan antigua como la civilización occidental, y también parece haberla originado. Roma, cuya fundación fue el resultado de una lucha a muerte entre hermanos, puede servir de emblema de la persistencia de la guerra civil, tanto en Grecia como en Roma. Hannah Arendt señala una profunda diferencia entre revolución y guerra civil: las revoluciones «no existían antes de la edad moderna» y constituyen —a diferencia de las guerras civiles («fenómenos más antiguos del pasado que conocemos»)— las novedades más relevantes de los nuevos tiempos políticos. En el siglo XVIII, la revolución se concibe como una alternativa a la guerra civil, nos enseña Kosseleck. La primera se asociaba al avance de la humanidad en todos los campos (pensemos en Kant y en todo el idealismo alemán) mientras que la segunda se refería a conflictos religiosos, guerras en las que hermanos matan a hermanos sin aportar ningún progreso general. Mientras que la guerra civil significaba «un absurdo dar vueltas en círculos», la revolución «abría un nuevo horizonte».

Si más tarde se pasa de la contraposición a la subordinación de la guerra civil a la revolución, será el marxismo quien la rehabilite completamente. Primero Marx y Engels, pero definitivamente los bolcheviques y luego los comunistas chinos, hacen de la guerra civil (transformada en guerra de partisanos, en guerra de guerrillas, en guerra irregular) la condición de la revolución. Lenin advierte al proletariado que no se deje engañar por el patriotismo de las guerras nacionales burguesas, que «no debe desviar su atención de la única guerra verdaderamente liberadora, a saber, la guerra civil contra la burguesía en "su" propio país y la de los países "extranjeros"».

<58>

Hoy, en ausencia de toda voluntad revolucionaria, en ausencia de todo proyecto de ruptura radical, abiertamente reivindicado por los movimientos sin haberlo sustituido por nada tan poderoso y eficaz, la guerra civil es asimétrica, dirigida y organizada por los poderes contemporáneos en conjunción cada vez más estrecha con la guerra entre Estados, con la guerra total y con el genocidio.

A pesar del despliegue de su gran fuerza de negación y creación, la guerra civil es la gran ausente de la renovación teórica de los años sesenta y setenta, con la única excepción, durante un breve periodo, de Michel Foucault. Pero su voluntad de hacer de ella una matriz de las relaciones sociales sirve de poco para analizar las guerras y guerras civiles contemporáneas, porque nunca se enfrenta a las guerras mundiales y guerras civiles del siglo XX que son su matriz. Para ello, es mejor recurrir a otros que vivieron el siglo XX de forma más trágica e intensa, a saber: los revolucionarios y los contrarrevolucionarios.

La guerra civil mundial

A Carl Schmitt y Hannah Arendt se les atribuye el *copyright* del concepto de «guerra civil mundial», que en cambio pertenece a Lenin y los revolucionarios de la primera mitad del siglo XX.[2] En realidad, *la guerra civil ha sido siempre guerra civil mundial* porque el capitalismo nació inmediatamente como mercado mundial y la formación de sus clases y Estados se produce dentro de esta dimensión.

El enfrentamiento del que estamos hablando no es la guerra civil de Hobbes y ni siquiera es la *Stasis* griega. Toma forma durante la acumulación originaria del capitalismo y se manifiesta a través de una multiplicidad de guerras contra *las poblaciones:* guerras de apropiación de la tierra y expropiación de los campesinos, la condición de existencia del proletariado y de la fuerza de trabajo fabril; nueva guerra de conquista de las mujeres, condición del trabajo reproductivo; guerra de conquista de esclavos e indígenas de América, condición del trabajo servil. La multiplicidad y transversalidad de estas guerras civiles son las premisas para el desarrollo del capitalismo y su producción.

<59>

El capitalismo no comienza con la producción/reproducción, antes al lo contrario, la producción/reproducción tiene que incluir la guerra civil. Considerarlo como una cadena de producción, circulación y consumo es muy

---

2 Pierre Dardot y Christian Laval, después de escribir 500 páginas sobre el neoliberalismo (*La nueva razón del mundo*), han sido reprochados por el primer latinoamericano que se encontraron, de haber borrado las sangrientas guerras civiles de las que nació. Al igual que su maestro Foucault, no solo adoptaron un punto de vista eurocéntrico, sino que sembraron la confusión al identificar capitalismo y neoliberalismo, mercado y Capital (y Estado). En su libro *La opción por la guerra civil* intentan poner un parche que es llamativamente peor que el agujero. Rechazan el «concepto de guerra civil mundial» que es la diferencia específica que introduce el siglo XX. Una vez más siguen a Foucault cuya definición de guerra civil se limita al siglo XIX y no tiene en cuenta el salto dado por el capitalismo y el Estado (guerra mundial total e imperialismo) y la lucha de clases (guerra civil mundial). Hasta Lenin, el socialismo y la lucha de clases eran blancos, europeos, occidentales, es con la Revolución soviética que se vuelven mundiales. Desde el ascenso del imperialismo, la guerra civil mundial es el marco en el que tienen lugar todas las luchas locales, nacionales, etc. Como Foucault, ignoran el funcionamiento del ciclo del capital que no comienza con la producción, sino con las guerras civiles mundiales y termina con otras guerras civiles mundiales, con el liberalismo en medio, que siempre ha sido (incluso el liberalismo clásico) una continuación de la guerra civil por otros medios. Por las mismas razones siguen hablando de neoliberalismo cuando la *governance* se ha vuelto «fascista» y bélica.

reduccionista, por no decir erróneo, y conduce directamente al economicismo. Corresponde a la forma en que lo interpretan muchos marxismos, incluidos los contemporáneos.

El capitalismo presuponía lo que Marx llama la acumulación originaria, a saber, la guerra de conquista entre Estados para apoderarse de las tierras «sin dueño» del Nuevo Mundo y, simultáneamente, la guerra de apropiación de los seres humanos para someterlos como clases (trabajadores, mujeres, esclavos).

<60> Las clases (trabajadores, mujeres, esclavos) no existen en la naturaleza, hay que producirlas y su producción es un acto político, no económico, un acto de fuerza que subyuga a una población y la divide entre quienes mandan y quienes obedecen. Solo a partir de esta división constitutiva —de esta primera forma de guerra civil que se llama guerra de apropiación— es posible la producción y reproducción del capital.

Las clases no han existido siempre, son un resultado histórico y deben producirse mediante una violencia que es a la vez destructiva y constitutiva. Sin estas guerras de conquista y apropiación no hay capitalismo, sin la división de la propiedad (propietarios y no propietarios), sin la división del trabajo (capitalistas y trabajadores, blancos y esclavos, siervos, racializados, hombres y mujeres), sin la división del poder (repúblicas/democracias oligárquicas y ciudadanas en el Norte y ninguna ciudadanía en el Sur) no hay capitalismo. Solo después de ejercer la apropiación y después de dividir lo apropiado puede tener lugar la producción. Ahora bien, la doble apropiación de las cosas y de los seres humanos, y la consiguiente división, se reproducen en cada etapa de transición de un modo de acumulación a otro.

La acumulación original (y las guerras que la definen), en lugar de ser ignorada en los dos siglos que precedieron a la revolución industrial, es contemporánea de cada fase del desarrollo capitalista y sigue siendo hoy la condición indispensable para cualquier cambio en el régimen de acumulación y en la forma del Estado. Si admitimos la continuidad de la acumulación original, también debemos aceptar las guerras de apropiación y de sometimiento de las clases que son su manifestación. Estamos viviendo el paso de un modo de acumulación a otro, en el que la apropiación y la división, y no la producción, son la prioridad, la urgencia, la necesidad.

Desde la Primera Guerra Mundial, son las guerras imperialistas las que deciden la división internacional del trabajo, es decir, quién manda y cómo en la producción (el pasaje del dominio inglés al estadounidense es el resultado de dos guerras mundiales, la victoria de la Guerra Fría decidirá la mundialización liberal y la derrota de la economía «colectivista»). Un papel similar desempeñaron las guerras revolucionarias y las guerras civiles en Rusia y China, que deshicieron órdenes económicos y políticos y construyeron otros. Partir de la producción (material, deseante, biopolítica) es la limitación de las teorías críticas, incluido el obrerismo, y es la razón principal por la que las guerras y las guerras civiles se excluyen como no esenciales para el análisis de clase, basándose en cambio exclusivamente en las fuerzas productivas y las relaciones de producción. Las guerras y las guerras civiles son, al menos desde la Revolución francesa, los puntos de rupturas históricas que definen el final de una época y el comienzo de otra.

<61>

La «no relación» entre guerra civil y guerra total

La guerra civil siempre está en curso, aunque adopta formas diferentes: guerra de apropiación que termina con la integración de las clases vencidas en el «modo de producción». El «dos» de violencia de la acumulación originaria se transforma en el «dos» de las fuerzas productivas y de las relaciones de producción donde la «toma», la apropiación, no es nunca directa sino que pasa por la economía y el Estado. Para que haya lucha de clases hay que romper con esta integración subyugadora operada por la gubernamentalidad y la biopolítica, continuación —como la producción y la reproducción— de la guerra civil por otros medios.

Solo a este nivel, las fuerzas opuestas dejan de relacionarse como fuerzas que mandan y fuerzas que obedecen, como fuerzas subyugantes y fuerzas subyugadas, fuerzas activas y fuerzas reactivas, sino que se enfrentan como «opuestos» heterogéneos. Que la fuerza de la ruptura revolucionaria madure dentro del «dos» de las fuerzas productivas y las relaciones de producción, dentro de la producción y la reproducción, no implica que no debamos asumir las diferencias entre los dos niveles del conflicto. En el primer nivel hay una relación de capital, en el segundo hay una «no relación» porque hay antagonismo, hostilidad entre heterogéneos. Entre los dos niveles del enfrentamiento hay continuidad, pero también discontinuidad, ¡salto!

<62>

La afirmación de la ruptura que pasa por la negación de sí como capital variable, como trabajo servil y reproductivo, pero también como ciudadano y, junto con la negación general del poder del capital y del Estado, son todavía las pruebas que es indispensable sostener. Hay que decir que no hay alternativa. Al menos no soñar despiertos.

El imperialismo («su esencia consiste en la prioridad de la apropiación sobre la división y la producción», según la definición de Schmitt) confirma y amplifica la dimensión de la toma, porque esta ya no se limita a los territorios de ultramar, a las colonias, sino que se centra también en Europa. Las dos guerras mundiales son la voluntad de romper el equilibrio establecido con la Paz de Westfalia (y restablecido tras las guerras napoleónicas), reproduciendo la relación de mando y obediencia, incluso entre Estados y poblaciones europeas (el proyecto nazi de esclavizar a los eslavos y dominar Europa) con las técnicas y estrategias de guerra utilizadas, hasta ese momento, más allá de la *color line*. De ahí la violencia sin precedentes que se desató en el viejo continente con las dos guerras mundiales.

La cúspide de las ilusiones de las teorías críticas está representada por la eliminación de la categoría de imperialismo, que borra junto al concepto la realidad de la apropiación capitalista, justo cuando esta adquiere una forma verdaderamente mundial, global y bélica.

La transición del capitalismo competitivo (Marx) al capitalismo monopolista (Lenin) corresponde a un cambio radical en la guerra y la guerra civil, porque ambas se vuelven mundiales. Es la Revolución soviética la que, dentro y contra la primera guerra imperialista, inaugura la época de las guerras civiles mundiales, de la que aún no hemos salido. Hannah Arendt y Carl Schmitt (y más tarde Koselleck) también definirían de esta manera a la Guerra Fría y a las revoluciones anticoloniales del periodo posterior a la Segunda Guerra Mundial.

El punto de vista eurocéntrico (véanse nuevamente los artículos citados aparecidos en *Machina*) tiene dificultades para captar la paradójica dimensión mundial del conflicto interno.

El capitalismo, desde siempre organizado a escala mundial, no existe sin la polarización entre centro y periferia, entre norte y sur, que se desarrolló desde el siglo XVI, donde, sin embargo, la guerra y la guerra civil evolucionan de maneras diferentes. En el Norte, después de la acumulación originaria, la guerra civil discurre subterránea hacia la integración de la clase trabajadora en la producción y reproducción del capital y del Estado; mientras que en el Sur, la guerra civil, el estado de excepción, la guerra de conquista, no conocen ningún proceso de integración, sino que se ensañan expresando violencia absoluta (Fanon), sin mediación. En el siglo XX estos dos procesos se entrelazan en una guerra civil mundial única y diferenciada.

<63>

La otra cara de la guerra civil mundial es la guerra total. Es decir, resulta imposible circunscribir espacial y temporalmente a la guerra, porque continúa en la economía, en la información, en la gestión de la moneda, en la competencia técnico-científica, etc. Una vez caído el Muro de Berlín, la guerra civil mundial y la guerra total se retroalimentan y hoy vuelven al centro de la agenda política.

El concepto de *biopolítica* ha tenido tanto éxito precisamente porque, al igual que el concepto de *gubernamentalidad*, eliminó las guerras y las guerras civiles mundiales, según la ideología de que Occidente, una vez derrotado el comunismo, ya no tenía problemas de seguridad. Hemos comprobado recientemente la debilidad de este concepto. La pandemia, reivindicada por Esposito y Agamben como verificación de la pertinencia del concepto de biopolítica, nos muestra la acción de un poder que parece una gestión inofensiva de la población si se compara con la guerra interimperialista, que de *biopoder* tiene muy poco. Por no hablar del conflicto colonial en Oriente Medio.

La mundialización, en realidad la acumulación mundial de capital, debe leerse de dos maneras diferentes y complementarias: como construcción del mercado mundial y como guerra civil mundial, aunque el segundo aspecto sea silenciado, eliminado, negado incluso por las teorías críticas (¡el economicismo indeleble del marxismo occidental!).

<64> El futuro se proyecta como la presencia simultánea de una guerra civil mundial y de una guerra total que, si no logran transformarse en revolución, solo traerán destrucción y muerte. Schmitt ya había hablado simultáneamente de la guerra civil mundial y de la transformación de la guerra de Clausewitz en operaciones policiales. Estas últimas son, por definición, el instrumento privilegiado del Estado para sofocar la revuelta y destruir y controlar al enemigo interno. Después de 2001, hemos visto a Estados Unidos asumir la responsabilidad de continuas y catastróficas intervenciones en el marco de la «guerra civil mundial», poniendo en marcha operaciones policiales contra un enemigo indefinido, de hecho cada vez más vago (sucesivamente, el terrorismo, el terror, la radicalización e incluso el odio), precursor de irresponsables desestabilizaciones de regiones enteras del planeta, sin conseguir acabar con su enemigo terrorista, sino más bien reforzándolo, como ocurrirá inevitablemente en Palestina. Las fronteras entre guerra y guerra civil, enemigo exterior y enemigo interior son cada vez más porosas.

La guerra contemporánea es una concatenación de guerras entre Estados, guerras civiles y de operaciones policiales que se convierten todas ellas en «guerra contra la población», es decir, guerra contra civiles, como manifiesta de forma incontrovertible el genocidio de los palestinos.

El periódico *Israel Hayom*, citado por *Le Monde*, informa del objetivo del primer ministro Benjamin Netanyahu, transmitido a su asesor Ron Dermer: «Reducir la población de Gaza al nivel más bajo posible». Destruir a un pueblo en lugar de eliminar a Hamás es el verdadero objetivo del gobierno y la feroz, criminal ilusión de la opinión pública israelí. Un punto de vista de clase tiene que enfrentarse a esta realidad porque su enemigo ha estado construyendo, durante años, entre estas dinámicas: operaciones policiales, guerras contra la población, guerras civiles y guerras entre Estados, una situación marcadamente diferente a la de hace un siglo, en la época de la revolución soviética.

Tomar la iniciativa: el ataque y la defensa. La guerra civil de los comunistas

La iniciativa y el ataque están sólidamente en manos de los Estados y de los diferentes capitalismos (más liberales en Occidente, más estatales en Oriente, de hecho, todos capitalismos políticos). El proletariado los sufre como nunca. No siempre fue así. Desde la contrarrevolución que comenzó inmediatamente después del 68, sobre la que se injertó la globalización, la guerra civil ha sido organizada y dirigida únicamente por la máquina del Estado-capital. Ahora abierta, como en el Sur a principios de los años 70, ahora progresiva, a lo largo del neoliberalismo, la guerra civil ha resurgido de forma cada vez más evidente desde la crisis financiera de 2008. Se manifieste como se manifieste, es la estrategia abierta de la máquina Estado-capital que, como la guerra entre Estados, puede llegar a ser asimétrica. <65>

Muy diferente fue la posición adoptada por el movimiento obrero revolucionario desde 1848: inventar y aplicar estrategias para defender y atacar las guerras entre Estados y las guerras civiles que provocaban los capitalismos. Nos referimos a la reconstrucción de Carl Schmitt de la «guerra civil mundial», que en lugar de privilegiar el lado de las «fuerzas productivas / relaciones de producción» como hacen los marxismos occidentales, se centra en la lucha de clases (leyéndola como un enemigo, pero leyéndola mejor que muchas teorías críticas en las que, por el contrario, está completamente ausente). Destacan las innovaciones estratégicas implementadas a lo largo del siglo XX por los revolucionarios soviéticos, chinos, vietnamitas, argelinos, cubanos, etc. La «guerra civil mundial», para evitar dudas, se considera a la vez económica y política, pero dirigida por esta última.

La época de las revoluciones la abrió la burguesía (estadounidense y francesa), pero fue la europea, y sobre todo la francesa («¡Maldito sea junio!») de 1848 la que marcó la entrada de la hostilidad proletaria en la lucha de clases: «el radicalismo revolucionario fue infinitamente más extendido y consecuente en la revolución proletaria de 1848 que en la revolución del Tercer Estado de 1789». Con la Comuna de París y la masacre de 30.000 proletarios, se puso fin al ciclo de guerras civiles del siglo XIX, guerras civiles locales, todavía ligadas a la formación de la clase obrera. Con el imperialismo, se desarrolló un nuevo tipo de guerra entre Estados y de guerra civil, que inmediatamente adquirió una dimensión verdaderamente mundial. La asunción de la guerra civil como modelo de relaciones sociales por parte de Michel Foucault se detiene aquí, antes de la Comuna. A diferencia de Lenin, nunca se preguntó por el papel que «el primer gobierno proletario de la historia» y su terrible represión representaron en términos de pasaje de una guerra civil a otra, y, por lo tanto, desde el punto de vista de la guerra y de la guerra civil, no es más que un hombre del siglo XIX, que nunca entró en el siglo XX.

Las grandes innovaciones estratégicas revolucionarias surgieron en el siglo XX capitalizando la derrota/masacre de los comuneros, prolongando, inspirando y trastocando la tradición militar elaborada en el seno de los ejércitos europeos y en particular el prusiano: «La fórmula de la guerra, continuación de la política, contiene ya *in nuce* una Teoría del Guerrillero cuya lógica fue llevada hasta las últimas consecuencias por Lenin y por Mao Tse-Tung».

La referencia es a la elaboración operada por Clausewitz del concepto de «pequeña guerra», la guerra de los partisanos que surgió durante la campaña de Napoleón en España. Un ejército cuya modernidad era expresión de la revolución se ve desafiado por la acción descoordinada, a menudo espontánea, pero generalizada y radical de los «partisanos» españoles. Clausewitz había visto allí «fuerzas explosivas y las había integrado en el sistema de su teoría de la guerra». Fueron las funciones estratégicas de esta guerra las que desarrollarían las revoluciones comunistas. «Hay dos tipos de

<66>

guerra que resultan especialmente importantes en relación con la guerrilla y hasta emparentadas con la misma en cierto sentido: la guerra civil y la guerra colonial».

Ya Marx y Engels «habían comprendido que la guerra revolucionaria de nuestro tiempo no era una guerra de barricadas a la antigua» (como en el caso de la Comuna). Lenin, contra la hipótesis de la toma del poder por medio del sufragio universal (el viejo Engels y la socialdemocracia alemana), pensaba que «el recurso a la fuerza y las guerras revolucionarias sangrientas eran inevitables, por lo que aprobó la guerra partisana como ingrediente necesario del proceso revolucionario general». Ya en un artículo de 1906 Lenin trastocó los límites de la separación entre la guerra limitada entre Estados y la guerra civil interna, restablecidos por la restauración postnapoleónica, al identificar al «enemigo de clase» como el «enemigo absoluto».

<67>

El partisano moderno con su irregularidad, su movilidad y su imprevisibilidad constituye la «negación más vigorosa del orden capitalista», capaz de derribar «todo el edificio del orden político y social», tanto de los imperios en Europa como de socavar irreversiblemente, siempre según Schmitt, los imperios coloniales.

Llevar a cabo la lógica del partisano no podía hacerlo Clausewitz, un oficial profesional de un ejército regular. Después de Lenin, sería Mao quien teorizaría y organizaría «una gigantesca guerra partisana», una estrategia que desarrollaría la fórmula de Clausewitz: la guerra como continuación de la política, «mucho más allá de Lenin».

Mao expresa la necesidad de una organización «pluralista» del Nomos de la tierra, señalando, por un lado, un «enemigo mundial absoluto, global y universal, no localizado, el enemigo de clase del marxismo» y, por otro, «un enemigo real, delimitado en el terreno, el enemigo de la defensa china y asiática contra el colonialismo capitalista».

En la situación concreta de la lucha en China, diferentes tipos de hostilidad (diferentes tipos de división y, por tanto, de guerra) confluyen en la acción partisana: «Hostilidad de raza contra el explotador capitalista blanco; hostilidad de clase contra la burguesía capitalista; hostilidad nacional contra el invasor japonés; hostilidad hacia el hermano de la misma nación, suscitada a lo largo de terribles e interminables guerras civiles».

La guerra partisana también se reavivará y organizará en Europa contra el fascismo y el nazismo, constituyendo la única fuente real de democracia de posguerra, que hoy se encuentra en proceso de regresión precisamente a causa de la menguante fuerza «telúrica» de la guerra civil. Todas las guerras de liberación nacional del colonialismo serán también guerras civiles que mirarán más o menos directamente a la ruptura soviética, vietnamita y china.

<68>

Las guerras son consecuencia de las divisiones de clase, de raza y de sexo que constituyen el capitalismo. Y si no desaparecieron durante la guerra fría (que «no es mitad guerra y mitad paz, sino una promulgación de la hostilidad real adaptada a las circunstancias del momento y servida por medios distintos de los violentos y abiertos»), mucho menos lo han hecho en los últimos cincuenta años.

La hostilidad no ha desaparecido durante la contrarrevolución mundial, también llamada globalización, al contrario, es la fuerza que la organizó y dirigió. Una hostilidad que se presentaba como el punto de vista de una sola de las partes y adoptaba los medios más o menos pacíficos que el carácter unilateral de la situación política le permitía utilizar. Así pues, hablar de «paz» es un oportunismo histórico, desmentido también por el hecho de que la estrategia del enemigo ha tenido que abandonar las técnicas pacificadas (gubernamentalidad, neoliberalismo, biopolítica) y ha desembocado de nuevo inevitablemente en la guerra y la guerra civil.[3]

---

3 El desconcierto ante el poderoso retorno de lo negativo es hijo legítimo de quienes culpan a las guerras actuales del origen de las divisiones que recorren la sociedad. El siguiente análisis de la guerra en Ucrania, realizado por una feminista (Caterina Diotto) es un claro ejemplo de la negación —compartida por la mayoría— de las feroces divisiones de clase, raza y género que estructuran nuestras sociedades y que el capitalismo no hace más que producir y reproducir con la guerra y la guerra civil. A las divisiones opone las conexiones en las que siempre se cree, desde que existe el capitalismo, que la guerra es imposible,

La hostilidad, la división, la guerra, son «inevitables» porque la toma, la apropiación violenta, precede a la producción y al sistema político, haciéndolas posibles. No hay que confundir la apropiación ejercida a través de la explotación del trabajo asalariado que Marx describe en *El capital* con la apropiación que se produce a través de la fuerza, la expropiación, el robo y la forma moderna de estas apropiaciones, que las finanzas y el imperialismo han llevado a su apogeo. La apropiación nunca puede ser idéntica a la producción, so pena de una caída de la tasa de ganancia (dicho en términos marxianos, ¡la subsunción real nunca puede ser completa!).

El concepto de apropiación o de toma, puesto de nuevo en el centro de la escena mundial por las guerras imperialistas (Estados Unidos/Rusia/China) y coloniales (Israel), tiene una importancia política decisiva, alejada de las teorías críticas de los años 70 y contemporáneas. Cualquiera que sea el desarrollo de las fuerzas productivas, cualquiera que sea el capitalismo (cognitivo, biopolítico, informático, etc.), solo hay un objetivo que perseguir: producir y acumular

<69>

---

porque el intercambio económico, informativo, intercultural une a las naciones y a los pueblos. «Lo que estoy viendo es el intento feroz de volver a la hegemonía de la lógica de la escisión. Ahora diré en cambio lo que veo a mi alrededor, aquí y ahora, contra lo que esta lógica intenta volver. La globalización y la pandemia, así como la revolución digital, son acontecimientos históricos que han puesto de manifiesto el grado de interconexión entre los seres humanos de todos los países, así como entre los seres humanos, los no humanos y el medio ambiente. El feminismo, el ecologismo, el ecofeminismo, el antirracismo, los movimientos decoloniales y el conocimiento indígena han creado desde hace tiempo un terreno cultural fértil para el cambio que va más allá de la lógica de la escisión y la oposición hacia una interpretación basada en las relaciones, las interconexiones y el hecho de formar parte de un sistema ecológico integrado. En un planeta concebido como Gaia (según Lovelock y Margulis) nada es absolutamente "otro". Es más, lo que le ocurre al otro me afecta como parte de cadenas de relaciones comunes. En un planeta como Gaia, la aniquilación del otro significa la aniquilación de una parte de nosotros mismos». Es el pensamiento de la eliminación de todo análisis de clase, de la ausencia de toda visión de las relaciones reales de poder, de una definición superficial e ingenua de la naturaleza de la «globalización». No expresa la fuerza, sino la debilidad de los movimientos contemporáneos, que piensan que «la interconexión de los seres humanos» puede desarrollarse, crecer, consolidarse, sin tener que enfrentarse nunca al «enemigo» y a sus guerras.

propiedad privada. Esta es la verdad más importante del capitalismo, ya enunciada por el *Manifiesto del Partido Comunista*, que nunca ha fallado, y de hecho es exaltada por la consigna de la globalización contemporánea: privatizar todo y ahora. La economía de la deuda es una empresa de expropiación/privatización que no pasa solo por la producción, sino todo lo contrario.

La eliminación de la guerra es fruto de una ilusión, nos sugiere Carl Schmitt, compartida por la economía y por el marxismo contemporáneo: la cuestión de la apropiación, fuente de hostilidad, ya sea por la fuerza o mediante la producción y la reproducción, puede resolverse mediante un aumento de las fuerzas productivas (intensificación del trabajo, ciencia, tecnología y multiplicación de los bienes de consumo), «el nivel de vida es cada vez más alto, la división cada vez más fácil, cada vez más inofensiva, y la apropiación, al final, no solo es inmoral, sino también económicamente irracional y, por tanto, carente de sentido».

<70>

A pesar del desarrollo del trabajo, de la ciencia, de la técnica, etc., y más allá incluso de lo que Schmitt pensaba cuando escribió esta frase, la cuestión de la apropiación ha resurgido dramáticamente con las guerras actuales, llevándose por delante a quienes creían que el progreso del desarrollo y la «democracia» la habían hecho inútil.

En la posguerra, la identidad de producción y apropiación (toda apropiación se realiza a través de la producción) se convierte en un tema de actualidad que ha contribuido en gran medida a la impotencia contemporánea. Kojeve teoriza, confirmando una vez más la función pacificadora de la dialéctica hegeliana, un «capitalismo que da», un «capitalismo distributivo» que identifica con el «capitalismo moderno, fordista, ilustrado, que se propone el aumento del poder adquisitivo de los trabajadores y el desarrollo industrial de los países subdesarrollados» y que se opone al «capitalismo solo de apropiación» de Marx. Una visión eurocéntrica, porque para dar el capitalismo siempre debe tomar, y para dar incluso lo poco que dio en los Treinta Gloriosos, tuvo que tomarlo del Sur del mundo. Hoy, el hecho de que el Sur global ya no esté dispuesto a proporcionar fuerza de trabajo y materias primas gratuitas es una de las principales razones de las guerras en curso: el Norte ya no puede tomar ni por la fuerza ni con la producción y las finanzas lo que necesita, es decir, la mayor parte de los recursos planetarios para el «bienestar» de una minoría de la población mundial.

«Tomar» por la fuerza no es solo el presupuesto del capitalismo, es también la condición marxiana del cambio, y se llama «expropiación de los expropiadores». Este detalle es ignorado por los movimientos contemporáneos, que redujeron la política a «producción, distribución, reproducción», y la lucha que lo combate a relaciones de sí, a cuidados de sí, a producción de subjetividad, a transformación simbólica. Marx, en cambio, concentra «todo el peso de su ataque en el proceso de apropiación» y, sabiamente, no se detiene en las divisiones y producciones futuras, «mientras la gran operación de apropiación no se haya realizado todavía».

<71>

Solo «con la expropiación de los antiguos propietarios se abren nuevas posibilidades de apropiación, incluso en cantidades desmesuradas».

Significativa, respecto a la impotencia política contemporánea, es la forma absurda en que se extirpa la principal acción política contra la propiedad privada y la *expropiación de los expropiadores* por parte de Negri, Hardt, Marazzi, etc. Se dice que los proletarios cognitivos contemporáneos ya se han reapropiado de los medios de producción porque, no está claro cómo, los han incorporado a su subjetividad, sin necesidad de ninguna revolución, sin necesidad de ninguna ruptura política. La milagrosa reapropiación de lo que la patronal había privatizado («en lugar del antiguo derecho de presa y de la primitiva conquista de la tierra, se produce ahora la toma de posesión de los medios de producción, la gran *apropiación industrial* moderna»: el capitalismo según Carl Schmitt) no se corresponde, curiosamente, con un aumento del poder de los trabajadores, sino exactamente con lo contrario: congelamiento salarial, *working poors*, mientras los todavía verdaderos dueños de los medios de producción, los capitalistas, se han apropiado, de un plumazo, de cuatro, cinco, siete años de la vida de los trabajadores, aumentando a voluntad la edad de jubilación, apoderándose de mano de obra servil, gratuita, mal pagada, etc. La condición de los trabajadores de todo el planeta nos dice que la expropiación de los expropiadores sigue siendo una condición necesaria e ineludible para cualquier cambio, que esa fantasmagórica reapropiación «subjetiva» de los medios de producción nunca se ha producido.

De lo que se trata aquí es del papel central que juega la fuerza y, por tanto, la idea misma que se tiene del capitalismo, que me parece la gran limitación del pensamiento crítico de las últimas décadas. No solo la economía occidental y el marxismo caen en esta negación, sino también las teorías que promueven la subjetivación, el devenir diferenciador de las minorías o, incluso, el poder constituyente de la Multitud, porque prescinden del acto político de expropiar y del acto revolucionario de reapropiarse.

Deleuze y Foucault rechazan explícitamente la expropiación de los expropiadores porque leen en ella el proyecto político de un retorno a la naturaleza humana alienada por la mercancía y el trabajo, a la integridad del hombre pervertida por el capitalismo. Gran contrasentido porque se trata más bien de revertir la situación estratégica que la guerra de conquista ha determinado, convirtiendo *a los trabajadores, las mujeres y los siervos* en proletarios adecuados. Sin esta inversión de la guerra de apropiación, el cambio político no tiene ninguna posibilidad de producirse. Desconocer la necesidad de esta inversión es bastante malo si se trata del juicio de algún filósofo, pero mucho más preocupante si constituye en la visión de muchos movimientos políticos contemporáneos en los que la producción de subjetividad sustituyó a este prerrequisito material del comunismo.

De Carl Schmitt tomamos prestado, no solo el orden de la secuencia bajo la que nació y funciona hasta hoy el capitalismo («tomar, dividir y producir»), que encontramos primero en Marx (toma y división en la acumulación originaria y, por tanto, en la producción) y, luego, en los revolucionarios de los inicios del siglo XX hasta la década de 1960 (Hans Junger Krahl), sino también el objeto de la toma, el blanco de la apropiación.

<72>

Si en la época de la acumulación originaria la guerra entre Estados tenía por objeto la apropiación de la tierra, entonces se trataba de una «toma de los mares», condición del control del mercado mundial; en el siglo XX, la Primera Guerra Mundial apuntaba simultáneamente a la apropiación de las tierras coloniales y de la industria («toma planetaria de la industria») y del aire, del espacio aéreo; hoy, a estas, se añade la apropiación del dinero, de las finanzas y de la tecnología, y de nuevo la toma del espacio celeste que rodea la tierra. La incautación planetaria en el mercado mundial de la industria y de las finanzas se distingue de la incautación primitiva de la tierra y del mar «solo por la agresividad y el mayor poder destructivo de los instrumentos de poder empleados». <73>

La guerra y la guerra civil son las formas en que se impone un nuevo *Nomos* de la tierra, que debe volver a hacer la división entre Estados que mandan y Estados que obedecen, entre clases que deciden y clases que sufren las decisiones. «Esta repartición es hoy la verdadera constitución de la tierra» y «solo la posesión de un gran espacio industrial permite hoy apoderarse del espacio mundial».

En Italia, entre marxistas desilusionados y filósofos en crisis de inspiración, está de moda la «teología política», una forma más refinada de añadir confusión a la confusión, desempolvando, a su manera, el conflicto entre religiones y civilizaciones que no habría encontrado acuerdo con Schmitt, quien introdujo el concepto a principios del siglo XX. En sus últimos escritos, afirma lo que venía sosteniendo desde los años veinte y que los partidarios de la continuidad de la teología política parecen ignorar: «En la época del desarrollo industrial rápido, ya no son las alternativas teológicas [...] las que se presentan como opciones [...] Es la estructura específicamente económica e industrial la que determina la problemática», incluso cuando se reviste de religión. «En lugar del problema religioso, teológico y confesional, ya obsoleto, tenemos el adagio *cujus industria, ejus regio*». Una inversión de la situación determinada al final de las guerras de religión: ya no es el príncipe quien decide, sino las potencias del capitalismo en colaboración con las del Estado, reconfiguradas por la acumulación de capital.

Toda la obra de Schmitt se desarrolló «sous les yeux des russes», es decir, bajo la mirada de la revolución soviética, desde donde calibra la mayoría de sus conceptos. Por eso, paradójicamente, es más interesante que los progresistas: en diálogo constante con la revolución, considerada siempre como enemigo irreductible, nos ofrece la mirada del poder constituido y del Estado sobre lo que lo amenaza más profundamente. Schmitt ve muy bien que el «revolucionario» trabaje en la desintegración del orden del que se siente heredero y le fascina la intensidad política que desata su lucha, la orientación de la enemistad que la organiza, porque una y otra son las fuerzas dinámicas de construcción de lo «político».

<74>

Al fin y al cabo, es su «compromiso», su ser partisano, radicalmente del lado del Estado, libre de toda universalidad, lo que lo vuelve perspicaz.

Su análisis resulta aún más interesante si lo comparamos con la obra de Foucault. Para el filósofo francés, la guerra civil, incluso con las limitaciones antes mencionadas, se identifica con el funcionamiento del poder, define su modo de operar cotidiano, constituye la norma de su ejercicio y, por tanto, no solo interviene en los momentos que Schmitt denomina «estado de excepción». Pero parece, de hecho ciertamente lo es, la estrategia de una sola de las partes. El poder para Foucault es relación, pero las fuerzas activas se identifican con el Estado, las disciplinas, la biopolítica y la gubernamentalidad, los proletarios resisten y reaccionan. El poder, de hecho, dice Foucault, no se da sin una multiplicidad de puntos de resistencia que corresponden a las fuerzas reactivas del proletariado, que, como resistentes, siguen participando en su dinámica dialéctica. Ahora bien, la guerra civil fue, hasta finales del siglo XIX, una acción espontánea del proletariado, pero luego se convirtió en una estrategia cada vez más pensada, deliberada, organizada, que no se limitó a reaccionar, sino que atacó al poder y a sus instituciones hasta demolerlos, convirtiéndose en portadora de nuevos valores, de nuevas instituciones.

Con la guerra civil partisana, la relación de fuerza se da entre fuerzas que se sitúan en el mismo plano, todas igualmente positivas, todas igualmente activas. Foucault afirma, sin embargo, que estas resistencias no están destinadas a ser «siempre pasivas», no están «condenadas a una derrota indefinida», pero a las guerras civiles proletarias del siglo XX, a sus estrategias, a sus funcionamientos, a sus subjetividades, nunca les dedicó el espacio y el tiempo como sí lo hizo a describir la otra cara de la relación de poder, la de las disciplinas, la de la biopolítica, la de la gubernamentalidad, la del Estado. La relación de poder es, desde cierto punto de vista, mejor representada por Schmitt, en la que las fuerzas proletarias son ofensivas, inventivas, destructivas de los viejos órdenes y de la soberanía y, por primera vez, victoriosas. Mientras que Foucault, con cierto desprecio, mira a Lenin desde la altura de su intelectualidad específica, reduciendo su estrategia al saber de un teniente en un cuartel de importancia secundaria, Schmitt evalúa plenamente el alcance de la transformación que experimentó la «pequeña guerra» de Clausewitz durante las revoluciones soviética y china, y acierta mil veces: la guerra de partisanos, primero en Rusia y luego en China, desplazó el centro de la lucha de clases del Norte al «Sur». Derrotadas o agotadas ambas, estas revoluciones condujeron sin embargo a un desplazamiento de la acumulación capitalista hacia el Este. Y es la ruptura de la secular subordinación y explotación de las periferias al centro del capitalismo el verdadero origen de la guerra contemporánea y de la guerra civil.

<75>

Evidentemente, este gran conocimiento estratégico acumulado a lo largo de más de un siglo de revoluciones ya no se adapta a la situación contemporánea. Pero en lugar de eliminar la división política y la hostilidad, se trataría de asumir el punto de vista de la guerra civil mundial con la que los movimientos y teorías contemporáneas han cortado lazos, mostrando así una bancarrota conceptual y una impotencia política. Las verdades que encierran estas estrategias, sobre el capitalismo y la revolución, sobre la negación y la creación, y su relación con la guerra y la guerra civil, con la fuerza y la violencia, deben ser un punto de partida para un replanteamiento, una nueva política ofensiva.

3. La apertura de un nuevo frente en la guerra mundial: la colonización eliminada de Israel

«Nadie practica la colonización inocentemente, nadie coloniza impunemente; digo que una nación que coloniza, que una civilización que justifica la colonización —por lo tanto, el uso de la fuerza— es ya una civilización enferma, una civilización moralmente afectada y que, irresistiblemente de consecuencia en consecuencia, de negación en negación, reclama a su Hitler, o sea, su castigo».

Aimé Césaire

«En una guerra de liberación, los pueblos colonizados deben vencer, pero deben hacerlo sin "barbarie" [...] Los pueblos subdesarrollados están obligados, si no quieren ser condenados moralmente por las "naciones occidentales", a practicar el *fair-play*, mientras que su adversario se aventura, con la conciencia en paz, en el descubrimiento ilimitado de nuevos medios de terror».

Frantz Fanon

«Si comprender es imposible, conocer es necesario, porque lo sucedido puede volver a suceder, las conciencias pueden ser seducidas y obnubiladas de nuevo: las nuestras también».

Primo Levy

La resistencia palestina (no solo Hamás, sino también la Jihad Islámica Palestina, el Frente Popular para la Liberación de Palestina, el Frente Democrático para la Liberación de Palestina y el Frente Popular para la Liberación de Palestina-Comando General, por lo tanto también grupos marxistas, socialistas,

<77>

demócratas)[1] reabrió una cuestión que todos ya querían dejar atrás, creyendo que los colonizados habían finalmente integrado su inferioridad, su derrota, relegados a una reserva imposible.[2] La recurrencia del conflicto en Oriente Medio a partir de la cuestión palestina confirma la hipótesis de una guerra civil mundial y nos autoriza a especificarla y articularla. También nos ofrece en directo el espectáculo de la versión original del Capital y su Estado, y la división racial como elemento constitutivo del mismo, así como la división del trabajo, la acumulación de la propiedad y el poder.

<78> La cita de Schmitt que abre este texto requiere algunos desarrollos que el autor ciertamente no habría compartido. La guerra, concebida como presupuesto y como posibilidad siempre presente y real de la política, se basa en la división, en la dominación de una parte de la sociedad sobre otra. Sin

---

[1] La resistencia palestina está limando asperezas entre las distintas facciones en pro de una «estrategia unificada». En un documento conjunto, rechazan «todas las soluciones y escenarios para el llamado "futuro de la Franja de Gaza" y por una solución nacional palestina basada en la formación de un gobierno de unidad nacional que surja de un amplio consenso nacional que incluya a todas las partes» basado en el «desarrollo y fortalecimiento del sistema político palestino sobre una base democrática, mediante elecciones generales —presidenciales, legislativas y al consejo nacional— según un sistema completo de representación proporcional, en elecciones libres, justas, transparentes y democráticas, con la participación de todos». La tradición democrática de la lucha palestina se confirma incluso con la presencia de formaciones islamistas. Un artículo aparecido en *The New York Times* informa sobre una encuesta de intenciones de voto en la Franja de Gaza que tuvo lugar el 6 de octubre, un día antes del ataque de la resistencia palestina reunificada. Según los resultados, el representante de Hamás habría llegado mucho más tarde que Marwan Barghouti, que lleva años en prisión solo por ser un líder palestino y porque a Israel le conviene disfrazar su colonialismo de guerra religiosa. Pero solo los búhos muerden el anzuelo.

[2] La propaganda macartista a la que se ha reducido la libertad de expresión en las democracias occidentales está produciendo un cambio en el significado de las palabras: *pogrom* es un ataque y una masacre llevados a cabo por la población mayoritaria de una nación contra un grupo étnico minoritario. Ahora, el uso de este término para referirse a lo ocurrido el 7 de octubre equivale a decir que Hamás está en el poder y representa a la población mayoritaria de un Estado (pero ¿cuál?) e Israel es una minoría oprimida dentro del Estado de los judíos. A los medios de comunicación no les importa lo más mínimo el disparate lingüístico que enuncian.

embargo, hay que aclarar que el dualismo del que se origina el capitalismo no es el único. La división entre capital y trabajo, entre propietarios de los medios de producción (hoy más bien la propiedad de los activos financieros y la creación de dinero) y el trabajo «libre» de los proletarios que solo poseen su fuerza de trabajo, no es suficiente para describir su funcionamiento.

A su lado, y tan necesaria como la primera, está la división racial, fundamento de la dominación colonial. «El mundo colonial es un mundo cortado en dos», dijo Fanon, así como, y de manera diferente, el mundo de la producción (capitalistas/trabajadores) y el mundo de la familia y la reproducción <79> (hombres y mujeres) están cortados en dos. En el capitalismo debemos partir de este *Dos* y no de la multiplicidad, porque *la multiplicidad debe crearse rompiendo los dualismos en los que fue capturada, sometida y obligada a trabajar.* Y lo que hay que hacer estallar es el *gran «dos»* de la guerra que contiene y supera los diversos dualismos hacia un choque de época que decidirá su conformación futura.

Los «dos» coloniales han estado en el centro del mercado mundial desde 1492. Sin este «dos», sin explotación del Sur, sin esclavos, sirvientes, colonizados, sin expropiación, renta, libre apropiación de los recursos humanos y no humanos no hay capitalismo. Como tampoco lo hay, de hecho, sin el sometimiento y la dominación de las «mujeres», la tercera gran división que precede a las demás y que el capitalismo adapta y reorganiza para sus necesidades de reproducción del ciclo económico y de dominación política.

En *Miseria de la filosofía*, Marx afirma, más claramente que en sus obras posteriores, la estrecha relación que existe entre la división de clases y la división racial, entre el viejo mundo industrial europeo y el nuevo mundo de las plantaciones de las Américas.

> La esclavitud directa es la base de la industria burguesa. Sin esclavitud no habría algodón; sin algodón no habría industria moderna. La esclavitud ha dado su valor a las colonias, las colonias han creado el comercio universal, el comercio universal es la condición necesaria de la gran industria. Por tanto, la esclavitud es una categoría

económica de la más alta importancia. [...] Los pueblos modernos no han hecho más que encubrir la esclavitud en sus propios países y la han impuesto sin tapujos en el Nuevo Mundo.

Este es el punto de vista desde el que analizar el capitalismo, un punto de vista abandonado, en cambio, por la mayoría de los marxismos occidentales centrados en la fábrica y el Norte, incluido el obrerismo.

La división racial gradualmente adquirió más importancia política que económica en la medida en que los «pueblos oprimidos» entraron en la lucha contra la acumulación mundial del capital y su indispensable proceso de colonización del mundo. Las revoluciones del siglo XX, revoluciones proletarias victoriosas, se construyeron a partir de la profundidad irreconciliable con la que se manifiesta la división en el colonialismo. Recordemos que la división sin mediaciones en las colonias es la condición de posibilidad para la integración de la clase trabajadora y las clases populares del Norte al *Welfare*, a través del consumo de masas, a través de los salarios, y en los ingresos a través del crédito.

Las revoluciones anticoloniales del siglo XX pusieron fin a la ocupación territorial de los imperios coloniales europeos. Hoy el colonialismo no ha desaparecido, sino que se ejerce en nuevas formas: monetaria, financiera, industrial, tecnológica. Si la fuerza, la dominación y la rapiña también se han desterritorializado, no son menos, sino quizás más eficientes, que los clásicos dispositivos de poder colonial, en funcionamiento desde 1492: un neocolonialismo aún más rapaz.

Hoy solo queda un poder colonial de asentamiento que se ejerce directamente sobre un territorio y sobre un pueblo, el de Israel. Palestina y los palestinos están sometidos a un colonialismo enteramente político. No hay ninguna razón económica para ocupar Palestina y dominar a los palestinos, sino solo el deseo de construir un Estado que su «ley fundamental» declara desde 2018 como «el Estado de los judíos».

En cambio, existen razones neocoloniales para el control estratégico y económico de la región donde se concentra una parte importante de la energía fósil necesaria para

<80>

la producción del Norte. Cuando Biden era senador por Delaware lo dijo claramente (y lo repitió recientemente): «Es la mejor inversión de 3 mil millones de dólares que hemos hecho. Si no existiera Israel, los Estados Unidos de América tendrían que inventar un Israel para proteger sus intereses en la región».

El escritor afroamericano James Baldwin, como todo ser humano con un pasado colonial y un presente racista, tiene una conciencia que le permite afirmar lúcidamente: «El Estado de Israel no fue creado para la salvación de los judíos; fue creado para la salvación de los intereses occidentales».

<81>

Uno de los fundadores del sionismo, Theodor Herzl, expresó ya en 1896 esta función estratégica que ejerce Israel en nombre de los occidentales (en nombre de Estados Unidos), siempre impregnados de racismo y de la idea colonial que han construido de «Oriente», considerando el Estado de los judíos como «un bastión de Europa contra Asia, un centinela de la civilización contra la barbarie».

La condición colonial

A la condición palestina y sus luchas y resistencias no pueden aplicarse las categorías que utilizan los medios occidentales, porque se trata precisamente de una situación colonial. De ninguna manera podemos hablar de una relación entre Estados soberanos, sino entre un Estado colonizador (con un ejército regular) y una población colonizada que vive en un territorio ocupado, sin Estado y sin ejército. La realidad de la condición colonial de los palestinos es completamente borrada por el gobierno israelí (y también por gran parte de la sociedad) y por las democracias occidentales, pero lo que se elimina regresa con violencia multiplicada.[3]

---

3 Daniel Blatman, historiador israelí del Holocausto: «La sociedad israelí estaba madura para acoger al gobierno actual. No por la victoria del Likud, sino porque el ala más extremista ha arrastrado a todos detrás de ella. Lo que antes era de extrema derecha ahora es centrista. Ideas que alguna vez estuvieron al margen se han vuelto legítimas. Como historiador que se ocupa del Holocausto y el nazismo, me resulta difícil decirlo, pero hoy hay ministros neonazis en el gobierno. No se ven en ningún otro lugar, ni en Hungría ni en Polonia, ministros que, ideológicamente, sean puramente racistas».

Parece que hace años los militares israelíes leyeron *Mil Mesetas*, de Deleuze y Guattari, para adaptar su estrategia a la irregularidad e imprevisibilidad de la guerra de guerrillas palestina. Quizás hubiera sido más útil una lectura atenta de Frantz Fanon, de quien todavía hoy tendrían mucho que aprender. Su análisis clínico-político de las subjetividades del colonizador y del colonizado sigue siendo insuperable. Seguramente, si las clases políticas occidentales y árabes comprometidas en la negociación de los acuerdos de «Abraham» lo hubieran leído y meditado, no habrían caído en la ingenuidad de considerar marginados a los colonizados, que integraron y interiorizaron el foro de la «inferioridad», y, por lo tanto, que sería posible pacificar Oriente Medio sin tener en cuenta la colonización de Palestina.

<82>

> El indígena es un ser acorralado, *el apartheid no es sino una modalidad de la división en compartimientos del mundo colonial* [el subrayado es mío porque indica que esas divisiones, de las cuales el apartheid es solo una «modalidad», siguen vigentes en Israel]. La primera cosa que aprende el indígena es a ponerse en su lugar, a no pasarse de sus límites. Por eso sus sueños son sueños musculares, sueños de acción, sueños agresivos [...] Frente a la situación colonial, el colonizado se encuentra en un estado de tensión permanente. El mundo del colono es un mundo hostil [...]. Pero, en lo más profundo de sí mismo, el colonizado no reconoce ninguna instancia. Está dominado, pero no domesticado. Está inferiorizado, pero no convencido de su inferioridad. Espera pacientemente que el colono descuide su vigilancia para tirársele encima. En sus músculos, el colonizado siempre está en actitud expectante. No puede decirse que esté inquieto, que esté aterrorizado. En realidad, siempre está presto a abandonar su papel de presa y asumir el de cazador. El colonizado es un perseguido que sueña permanentemente con transformarse en perseguidor.

La subjetividad del colonizador y del colonizado se comunican y están contaminadas sobre todo por la violencia «absoluta» que el primero introduce y ejerce sobre la piel de los indígenas. Sartre, instruido por Fanon, lo había entendido muy bien: «¿Cómo no reconocer, en el salvajismo de esos campesinos oprimidos el salvajismo del colono que han absorbido por todos sus poros y del que no se han curado?»

Esta violencia «absoluta» fue exportada al mundo primero desde Europa y luego continuada por los Estados Unidos: «La barbarie de Europa occidental es increíblemente grande, superada con creces por una sola, es verdad: la estadounidense», dice el poeta Césaire.

En las condiciones de colonización, solo cuenta la violencia. Dice Fanon: «El colonialismo no es una máquina de pensar, no es un cuerpo dotado de razón. Es la violencia en estado de naturaleza y no puede inclinarse sino ante una violencia mayor».

Mientras haya colonización, mientras continúe la ocupación colonial, no hay posibilidad de una solución política, porque en situaciones coloniales siempre hay «uno de más», ya sea el colonizador o el colonizado. No hay alternativas posibles si no ponemos fin a la condición de los palestinos, exiliados, prisioneros, sojuzgados y humillados en su tierra. Fanon nos vuelve a explicar la condición necesaria, indispensable, de una posible solución.

<83>

> La zona habitada por los colonizados no es complementaria de la zona habitada por los colonos. Esas dos zonas se oponen, pero no al servicio de una unidad superior. Regidas por una lógica puramente aristotélica, obedecen al principio de exclusión recíproca: no hay conciliación posible, uno de los términos sobra.

Mientras dure la colonización, uno u otro debe ser eliminado. Mientras dura la colonización, solo hay dos categorías, colonizadores y colonizados, no otras. *La maldad, la brutalidad y la violencia ilimitada están inscritas en la relación colonial.*

Esto confirma una vez más la situación de Palestina. Las fuerzas de resistencia palestinas, Hamás por ejemplo, tienen como programa la destrucción del Estado de Israel y quisieran arrojar a los judíos israelitas al mar, pero no tienen ni los medios ni las alianzas para poder hacerlo. Lo que sigue siendo un deseo «piadoso» de los palestinos es, en cambio, una realidad implementada, año tras año, por Israel. Puede expulsar a los palestinos de Palestina porque tiene los medios, el ejército más poderoso de la región y las alianzas militares y políticas para hacerlo: Estados Unidos.

Los únicos que día tras día, con colonos armados hasta los dientes, ponen en marcha el eslogan «from the river to the sea» son los israelíes (en cambio, es lo que se les achaca a los palestinos). Netanyahu unos días antes del 7 de abril, en las Naciones Unidas, mientras explicaba la reorganización de Oriente Medio que resultaría de los Acuerdos de Abraham, mostró un mapa en el que Cisjordania había desaparecido: Israel «from the river to the sea», precisamente.

Durante décadas, y no desde el gobierno de Netanyahu, las ocupaciones de tierras por parte de colonos han avanzado inexorablemente, constituyendo un proceso de limpieza étnica que se está produciendo ante los ojos de todas las democracias con derechos humanos. El último acto de este proceso es una limpieza étnica de Gaza, después de haberla destruido.

En la relación de poder colonial la dialéctica (hegeliana) no funciona, no hay superación dialéctica posible, no hay conciliación, no hay mediación alcanzable. La dialéctica funcionó durante un corto periodo de tiempo para la relación capital/clase obrera en el Norte. Sin embargo, hay que ser conscientes de que la integración de estos últimos en el desarrollo del capital a cambio de salarios y *Welfare* se hizo a costa de las colonias y los colonizados de dos maneras diferentes. Antes, durante el siglo XIX, como decía Engels, la clase obrera europea participó, aunque fuera de manera insignificante, en el reparto del botín colonial. En el periodo de posguerra, los aumentos salariales, el *Welfare* y los derechos dependieron del equilibrio de poder establecido por la continuación de las guerras civiles y las revoluciones socialistas y anticoloniales que comenzaron en la primera mitad del siglo. Una vez que las revoluciones en el Sur se han transformado en Estados con el deseo de desarrollo capitalista, el ataque a los salarios y la demolición del *Welfare* en el Norte no encontró ningún obstáculo, porque la verdadera fuerza política, la que dobló el poder americano, venía principalmente del Sur (la crisis del dólar, la declaración de inconvertibilidad, está más ligada a la guerra de Vietnam y a la guerra anti-revoluciones coloniales que a las luchas salariales).

Lo que es la condición colonial y cuáles son sus terribles consecuencias también puede ilustrarse con este extracto de un artículo de Marx escrito para el *New York Tribune*, el 26 de septiembre de 1857, donde analiza la rebelión de los trabajadores indios contra la Compañía Británica de las Indias Orientales. Hasta que se ponga fin a la colonización, esta es la brutalidad que puede estallar en cualquier momento:

> Los atropellos cometidos por los cipayos sublevados en la India son, por cierto, espantosos, horribles, indecibles, [...] Aun ante la presente catástrofe sería un flagrante error suponer que toda la crueldad está del lado de los cipayos, y que toda la crema de la bondad humana fluye del bando de los ingleses. Las cartas de los oficiales británicos destilan malignidad [...] La amputación de narices, pechos, etc., en una palabra, las horribles mutilaciones que cometen los cipayos son, por supuesto, más repulsivas para los sentimientos europeos que el bombardeo de viviendas en Cantón por un secretario de la Sociedad de la Paz de Manchester, o que quemar vivos a árabes encerrados en una cueva por un mariscal francés, o que desollar en vida a soldados británicos, con el «gato de nueve colas», por resolución de un consejo de guerra de campaña, o que cualquier otro de los métodos filantrópicos que se emplean en las colonias penales británicas [...] Y además no debe olvidarse que mientras se comentan las crueldades de los ingleses como actos de vigor marcial, relatados con sencillez, rápidamente, sin demorarse en detalles desagradables, los ultrajes de los nativos, chocantes de por sí, son exagerados en forma deliberada [...] Para buscar semejanzas con las atrocidades de los cipayos no es necesario, como lo pretenden algunos diarios londinenses, retroceder a la Edad Media, ni siquiera ir más allá de la historia contemporánea de Inglaterra. Lo único que hace falta es estudiar la primera guerra china, un acontecimiento, por así decirlo, de ayer. La soldadesca inglesa cometió entonces enormidades por simple diversión; sus pasiones no estuvieron santificadas por el fanatismo religioso, ni exacerbadas por el odio contra una raza altiva y conquistadora, ni provocadas por la firme resistencia de un enemigo heroico. Las violaciones de mujeres, el empalamiento de niños, el incendio de aldeas enteras, fueron entonces simples deportes extravagantes, arbitrados, no por mandarines, sino por los propios oficiales británicos.

<85>

Un genocidio «menor»: a finales del siglo XIX, los alemanes desembarcaron en lo que hoy es Namibia, ocuparon el país, se apoderaron de tierras y recursos y trataron a los herero que vivían allí como animales, deshumanizándolos. En 1904 los nativos se rebelaron, masacraron a soldados y colonos, cortaron narices, orejas y mutilaron a los muertos y heridos. El general Lothar Von Trotta, con 15.000 hombres, dirigió una guerra de dos meses que terminó, tras emitir un edicto de exterminio, con la masacre de los herero. La orden oficial de exterminio, aniquilación, destrucción (*Vernichtungsbefehl*) del general Von Trotha está redactada de la siguiente manera: «Dentro de las fronteras alemanas todo herero, con o sin armas, con o sin ganado, será fusilado. Ya no aceptaré mujeres ni niños, los devolveré a su pueblo o dejaré que los masacren». Las tropas alemanas los rodearon por tres lados y solo les dejaron una vía de escape hacia el desierto.

<86>

¡Nada nuevo bajo el sol colonial! Esta es la regla establecida por el civilizado *Jus publicum euroepeum*: guerra regulada entre Estados occidentales y violencia ciega, salvaje y sin límites en las colonias. Relaciones entre Estados regidas por el derecho, incluso el derecho a la guerra, y, en cambio, ausencia de todo derecho, de toda norma, en el resto del mundo. *Habeas corpus* por un lado, ausencia total por otro.

El *jus publicum europeum* ya no existe, pero sigue aplicándose, *de facto*, a Israel, que no reconoce más derecho que su fuerza armada. El *jus publicum europeum* reconocía el uso de la violencia salvaje, de la guerra fuera de todo derecho solo a los Estados europeos en las tierras «libres». ¿Y los demás, los nativos, los aborígenes, los indios, los herero, los palestinos? Animales, bestias feroces, como sigue diciendo hasta hoy el gobierno democrático.

El problema no es solo no caer en la trampa de los medios de comunicación y de las clases políticas que quisieran hacer pasar por víctimas a los colonizadores, sino poner fin a la relación colonizador-colonizado, parte absolutamente fundamental de la explotación del hombre por el hombre, del hombre sobre la mujer. La responsabilidad de la violencia está en estas relaciones, si se puede decir así, y en quienes la instalaron. ¡Sin hipocresía alguna!

La «violencia absoluta» que encierra la relación colonial puede expresarse también con esta anécdota de Alain Badiou, es decir, el «viejo teorema subjetivo colonial de la impasibilidad del chino».

> Conozco a antiguos colonizadores, cuya pesadilla era la calma regulada de su esclavo doméstico, su perfecta y suave adhesión al sistema racista de la servidumbre. Estaban convencidos —con razón— de que a la primera señal [...] este hombre amable, este excelente cocinero, este amante de los niños, descargaría sobre ellos, en pleno pecho, las balas de una artillería habitualmente reservada a la caza matinal del caballero (después de todo, este maldito hombre llevaba diligentemente la caza y la merienda). <87>

Un manifiesto firmado por feministas (Federici, Stengers, Haraway, etc.) subraya cómo el uso de «mujeres» por parte de la ideología estadounidense del choque de civilizaciones es tan indecente como el uso indiscriminado del antisemitismo, porque borra por completo la relación colonial:

> La obscena propaganda bélica ignora conscientemente cualquier contextualización de la situación para reificarla y, en última instancia, reiterar la visión de un mundo musulmán bárbaro frente a una población israelí feminizada y, por tanto, libre de sospecha. De hecho, la condena inequívoca de los combatientes de Hamás está vinculada a la construcción de un Oriente monstruoso, necesariamente culpable de las peores atrocidades contra las mujeres, lo que permite, una vez más, borrar cualquier perspectiva histórica sobre la violencia inherente a la colonización.

Los cimientos sobre los que se afirma la diferencia de civilización con un mundo bárbaro y atrasado que confunde política y religión, son la democracia y el patriarcado. Los regímenes occidentales utilizan este último de manera instrumental, según la cual la democracia habría civilizado la relación de poder hombre/mujer haciéndola desaparecer, signo de nuestra superioridad con respecto a las sociedades del Sur donde, en cambio, coexiste con el autoritarismo político, el fundamentalismo y las dictaduras. El patriarcado, en cambio, es transversal al Norte y al Sur, y ni la democracia ni el capitalismo lo han hecho desaparecer, sino que se expresa con las diferencias habituales con las que se expresa toda relación de poder en las dos partes del mundo. No pertenece propiamente al mundo islámico, como nos quiere hacer creer el habitual choque de civilizaciones.

Las revoluciones del siglo XX hirieron de muerte al colonialismo, pero no acabaron con él. En la obstinada persistencia de lo que parecía pertenecer al pasado, los medios de comunicación resucitaron y amplificaron el «viejo» orientalismo de la cultura europea. Los blancos existen y se dan una identidad definiéndose en relación con los no blancos y oponiéndose a ellos, una humanidad considerada violenta, atrasada, incivilizada y jerárquicamente inferior porque no conoce la racionalidad instrumental, la joya sobre la que Occidente construyó su dominio planetario.

<88>

Esto es evidente en el uso de la fuerza: los palestinos matan degollando, mutilando, son bárbaros horripilantes cuando en cambio los israelíes, como buenos occidentales, practican la matanza masiva, el exterminio, el genocidio de manera racional, aplicando rigurosamente la razón. Las miles de bombas suministradas por Estados Unidos se lanzan mediante el uso de inteligencia artificial, por lo que los civiles asesinados forman parte de un cálculo que minimiza las pérdidas: «Nada ocurre por casualidad», explica un oficial, «cuando una niña de tres años es asesinada en una casa de Gaza, es porque alguien en el ejército decidió que no era gran cosa matarla, que era un precio a pagar para alcanzar otro objetivo. No somos Hamás. No son misiles lanzados al azar. Todo es intencionado. Sabemos exactamente cuántos daños colaterales hay en cada casa». La racionalidad por encima del propósito, encarnada en la producción industrial nazi de las muertes sufridas por los judíos ayer, los israelíes la aplican hoy a los palestinos, con los mismos resultados. Siete antiguos oficiales de servicio, críticos con el uso de la inteligencia artificial, interrogados por el medio de comunicación de izquierda israelí-palestino +972, comparan este proceso algorítmico con «una fábrica de asesinatos en masa». La violencia extrema de la primera mitad del siglo XX, siempre alimentada por un profundo racismo, es el negativo eliminado, de manera suicida, por teorías y movimientos que muestran su obstinada insistencia, condición indispensable para la reproducción del capital y del poder.

Lo que no se quiere (o no se puede) ver

«Nos enamoramos de lo que hacíamos con los palestinos, hasta el punto de acostumbrarnos. Ya sabes, cuando luchas en una guerra contra un rival que es inferior en todos los sentidos, puedes perder un soldado aquí y un soldado allá, pero siempre tienes el control total. Es bonito fingir que estás librando una guerra cuando en realidad no estás en peligro».

General de Brigada Shimon Naveh

A menudo nos hemos preguntado por qué las masacres, los exterminios masivos y los genocidios –como el de los indios, los indígenas, los aborígenes, los colonizados o los judíos, todos ellos perpetrados por una Europa altamente civilizada y por potencias capitalistas y por su continuación en formas fascistas o colonizadoras— han podido pasar «desapercibidas» en el momento de su ejecución. Tenemos la explicación ante nuestros ojos. Las democracias occidentales están completamente ciegas ante su reproducción en la Palestina actual.

<89>

Ver no es un simple reflejo de una realidad «objetiva». Ver, antes que una cuestión perceptiva, fisiológica, es una acción «política»: no se ve con los ojos, sino con los deseos, con los intereses, con las expectativas, con los proyectos. En el capitalismo, y más aún en el colonialismo, se ve más allá de la división y por lo tanto se ven cosas diferentes, según la posición que uno ocupa en la división (patrón/trabajador, colonizador/colonizado, hombre/mujer): una visión que prefiero definir, no como situada, sino *de parte*. Ver es siempre partidista porque siempre está condicionado por filtros «ideológicos» y materiales, puntos de vista «de parte» que seleccionan lo que debe retenerse y lo que debe excluirse. Incluso a una persona dotada de razón como Donatella di Cesare, cuya profesión de filósofa debería llevarla a cultivar esta razón, la escuchamos gritar que el *apartheid* no existe en una gran nación como Israel, cuyo único defecto es el gobierno corrupto.[4] El espíritu crítico, perfeccionado

---

4 Confiamos más en Nelson Mandela que en cualquier filósofo cuando se trata del concepto de *apartheid*: «Acerca de la ocupación israelí de

por siglos de sutilezas metafísicas, orgullo de Europa, puede evaporarse en un instante. No es la primera vez que esto sucede y siempre está vinculado a cuestiones políticas.

De hecho, la ilusión de que la filosofía es el amor a la sabiduría, al conocimiento, a la razón, fue desenmascarada por Nietzsche, quien, contra Spinoza, afirmó: el conocimiento y la razón no son una excrecencia de las pasiones, de los afectos, de las fuerzas inconscientes que actúan en nosotros, sino un producto de su conflicto, de su oposición. Spinoza oponía *intelligere* (comprender, conocer) a *ridere*, *lugere* y *detestare* (reír, deplorar, detestar), porque solo

<90>

Cisjordania y Gaza, hay un hecho más. Las llamadas áreas autónomas palestinas son *bantustanes*. Tienen limitadas sus competencias en la estructura de poder del sistema de «apartheid» israelí. Desde el momento en que Israel se declara como un Estado judío, los judíos israelíes pueden tener derechos y privilegios que los no judíos no pueden tener. Los árabes palestinos no tienen ningún papel en un Estado «judío». El «apartheid» es un crimen contra la humanidad. Israel ha privado a millones de palestinos de su libertad y de sus propiedades. Ha perpetuado un gran sistema de discriminación y desigualdad. Ha encarcelado y torturado sistemáticamente a miles de palestinos, en contra de las leyes internacionales. Ha emprendido una guerra contra la población civil y en particular, contra los niños». Respecto al reconocimiento oficial del *apartheid*, una entrevista de Gabriel Traetta concedida a *Dinamo Press* en octubre: «Entre los principales órganos de la ONU está el Consejo Económico y Social, que se divide en comisiones regionales: Escwa es la que se ocupa del Asia occidental, incluido Oriente Medio. Bueno, el informe de Escwa de 2017 detalla con gran profundidad la implementación de un régimen de *apartheid* por parte de Israel. El documento es muy extenso, pero conviene mencionar aquí un par de cosas. De hecho, analiza las leyes e instrumentos legales que Israel ideó para concretar el *apartheid*. Por ejemplo, destaca la ley de la Knesset, el parlamento israelí, según la cual ningún partido político puede existir, operar y competir electoralmente si cuestiona el carácter expresamente judío del Estado de Israel. Esto significa que, por ley, en Israel no se puede siquiera pensar en superar la supremacía judía. En el bienio 2021-22, las dos ONG más importantes que se ocupan de los derechos humanos, Amnistía Internacional y Human Rights Watch, publicaron respectivamente dos informes muy bien estructurados que demuestran el establecimiento de un régimen de *apartheid* en Israel. Además, la gran noticia estuvo representada por la iniciativa de B"Tselem, una organización israelí que elaboró un documento llegando a las mismas conclusiones: en este caso para la política israelí es mucho más difícil acusar de antisemitismo a un organismo formado por civiles judíos».

cuando se aplacan estas últimas pueden producirse las primeras. Nietzsche no solo afirma que esto no es cierto, sino que ocurre exactamente lo contrario. Solo porque las pasiones han luchado entre sí, han entrado en conflicto, ha podido aparecer el conocimiento. En la formación de la razón, lo decisivo es la necesidad, no de conocer, sino de esquematizar, de simplificar, de reducir, de abstraer. Necesidad de luchar, necesidad de imponerse, de dominar las cosas y a los demás y no de conocer abstractamente. La razón y el conocimiento son expresiones de la «voluntad de poder» más que del amor a la sabiduría, al conocimiento o a la verdad. Se ve con los ojos de la voluntad de poder, no con los de la fisiología o la razón. <91>

Es también el caso de Habermas que, tras poner de relieve los límites de la razón instrumental y tras haber creído superarla mediante una teoría de la acción comunicativa, de la racionalidad discursiva, considera que la lógica del consenso lingüístico no puede, de hecho, funcionar para pueblos como los palestinos que deben abandonarse a la masacre.

La acción comunicativa, como la acción instrumental, es también voluntad de poder y funciona como tal en el genocidio contemporáneo. La razón y el conocimiento son voluntades de dominio, voluntades de conquista, voluntades de victoria, herederas, en esto, de la peor tradición cultural de una Europa incruenta. Todavía resuena la advertencia de Adorno: «Auschwitz demostró irrefutablemente el fracaso de la cultura [...], pero también que toda cultura después de Auschwitz es basura».

La cultura se eleva a su quinta esencia de basura occidental cuando circula por las redes mediáticas *high tech*, auténticas cloacas, para legitimar otro genocidio más, o se refugia silenciosa y temerosa en las universidades a la espera de tiempos mejores para hacer gala de su inútil e inofensiva erudición.

Cuando la Escuela de Frankfurt no estaba produciendo «demócratas para la masacre» a lo Habermas, estaba afirmando con Benjamin y Horkheimer la identidad de la cultura europea y la barbarie. Una vez más verificado.

No hace falta decir que el sur global, es decir, la gran mayoría de la población mundial, ve la relación entre Israel y Palestina a través de los ojos del colonialismo que han sufrido y del neocolonialismo que los sigue despojando, por lo que perciben lo que esconden las clases políticas, los medios de comunicación occidentales y los centros de poder. Como dice el poeta Aimé Césaire: «El colonizado tiene ventaja sobre el colonizador, sabe que su opresor miente».

<92>

El Estado sudafricano, apoyándose en los conocimientos adquiridos durante el *apartheid*, ha acusado a Israel de genocidio ante el Tribunal Internacional, lanzando tres desafíos a los Estados y clases políticas occidentales: denuncia ante el mundo entero la hipocresía de sus principios y sus criterios de superioridad moral y política; desafía el orden internacional impuesto por el aliado más poderoso de Israel, los Estados Unidos; y desafía la memoria blanca dominada por la Shoah y se opone a la serie de genocidios de la colonización, recordando a la muy selectiva conciencia occidental su número, la asombrosa cantidad de víctimas y los largos siglos durante los cuales fueron perpetrados.

Pero también una parte minoritaria de la opinión pública occidental, especialmente en Estados Unidos, sabe que los «colonizadores» mienten. No será fácil lograr que esta masacre sea aceptada como legítima defensa de Israel. La guerra civil que hoy se manifiesta como una división de la opinión pública mundial corre el riesgo de convertirse en los próximos años en una división política, con consecuencias impredecibles. Si el gobierno estadounidense todavía albergaba la esperanza de poner una parte del sur del lado de los «aliados» en la guerra de Ucrania, la cuestión palestina ha endurecido las posiciones, anulando esta posibilidad. El juego mediático, Hamás y Putin agrupados como agresores de Occidente, de un Occidente que es víctima inocente, con las imágenes de una agresión inaudita, llevada a cabo por las potencias democráticas (antes llamadas «civilizadoras»), no funciona. Que la opinión pública transforme su disidencia en fuerza política es otro problema urgente, porque el poder no entiende otro lenguaje que el de la fuerza.

Solo las revoluciones anticoloniales habían cambiado el clima político colonial en el que Europa había estado sumida durante siglos, dando a todos la posibilidad de ver a los «salvajes» y a la naturaleza de la «civilización europea» de otra manera. Una vez terminadas las revoluciones, los estereotipos coloniales resurgieron con fuerza bajo el «disfraz» de inmigrantes, ciudadanos de origen colonial asentados en el Norte y la religión islámica. Hoy, con la cuestión palestina, cristalizan y son asumidas sin pudor por los medios de comunicación y las clases políticas occidentales.

¿Cuáles son los deseos, los intereses, los proyectos políticos que nos impiden ver la masacre provocada por un cobarde bombardeo sobre dos millones de personas indefensas que solo pueden esperar que las bombas no caigan sobre sus cabezas? Son múltiples. En orden de fuego: Israel representa la evolución antidemocrática que practican las sociedades occidentales, pero que no quieren reconocer. Es la vanguardia que experimenta en busca de nuevas técnicas, estrategias, dispositivos para la «guerra contra la población» que se libra desde los años '70 y que contra los palestinos puede verificar su eficacia sin límites, sin leyes ni reglamentos, exactamente como lo han hecho los europeos y los estadounidenses durante siglos con otros pueblos indígenas, con otros «nativos». Israel está en el centro de lo que Etienne Balibar agudamente llamó, después del fin del colonialismo histórico, la «colonización del centro», convirtiéndose en vanguardia y centinela de la «colonización general». <93>

La etnización del Estado

Incluso desde un punto de vista formal, Israel no es una democracia, o, más bien, no lo es como ya no lo son las democracias occidentales.

En la década de 1980, la fórmula «Estado judío y democrático» significaba que no había Estado judío sin democracia y que no había democracia en Israel excepto dentro del marco de un Estado judío. En 2018 se aprobó una nueva ley fundamental que afirma la naturaleza judía del Estado de

Israel. La exclusión del término democrático tiene la función de discriminar y jerarquizar a los ciudadanos. El inciso c) del artículo 1 de la ley establece por primera vez que «el pueblo judío es el único que puede ejercer el derecho de autodeterminación nacional en el Estado de Israel». Los judíos, tres cuartas partes de la población, son titulares del Estado, mientras que a los árabes (más de una quinta parte) y a otras minorías (solo una vigésima parte) se les niega este privilegio, solo tienen derechos individuales.

En su momento, el presidente del Congreso Judío Mundial, Ronald S. Lauder, hoy cercano a Netanyahu, definió la nueva ley como «destructiva» porque niega los valores universalistas de la cultura judía y pone en duda la primacía de Israel como «la única democracia» en Oriente Medio. Al punto de que el vínculo entre la diáspora (no solo la estadounidense) y el Estado nacional judío corre el riesgo de romperse, «privando a Israel de la retaguardia estratégica que tanto necesita».

Pero, entonces, ¿se puede definir como democracia una institución que, en contravención del principio de igualdad de todos los ciudadanos, establece cuatro estatutos diferentes para los palestinos? El mal es más antiguo, no comienza con los gobiernos de extrema derecha.

Continúa Lauder: «Desde 1967, el Estado israelí ha producido cuatro tipos diferentes de regímenes legales que gobiernan a la comunidad palestina. Existe un régimen legal que rige a los palestinos que tienen estatus de ciudadanos israelíes. Luego, el que gobierna a los ciudadanos palestinos de Jerusalén. Además, *están las leyes militares a las que están sujetos los palestinos en Gaza y Cisjordania* y, finalmente, un complicado conjunto de reglas destinadas a impedir el regreso de los palestinos que viven fuera del control israelí. Un caso a modo de ejemplo: en Cisjordania, un palestino lanza una piedra para golpear a un israelí y, con la misma conducta, pero con roles invertidos, un israelí hace lo mismo hacia un palestino. Bueno, el palestino será arrestado e inmediatamente sometido a procedimientos de ley marcial y considerado culpable hasta que se demuestre su inocencia. Las garantías del sistema civil israelí se aplicarán

<94>

solo a los israelíes, por lo tanto, son inocentes hasta que se demuestre lo contrario». Israel practica la detención administrativa de miles de palestinos sin informar al detenido de ningún cargo y, por lo tanto, sin posibilidad de juicio.

Nelson Mandela subraya cómo también la propiedad está sometida a un doble régimen que no comienza con el actual gobierno fascista de Israel:

> Y si consideramos los territorios ocupados en 1967 se encontrará que hay dos sistemas judiciales en funcionamiento, que representan dos formas diferentes de considerar la vida humana: una para los palestinos y otra para los judíos. También coexisten dos formas diferentes para la propiedad y para la tierra. La propiedad palestina no es reconocida como propiedad privada y puede confiscarse. <95>

Esta es exactamente la progresión e intensificación de la discriminación racial que podemos constatar en los Estados europeos y occidentales. No tienen el valor de reconocerlo, pero sus acciones están dictadas por la misma lógica: el Estado es el Estado de los italianos, de los ingleses, de los franceses, etc. («primero» los italianos, los franceses, los ingleses, es el lema que la extrema derecha agita desde los años 1980 y que ahora se ha convertido en patrimonio de las instituciones). Las políticas *de preferencia nacional* no solo se dirigen a los inmigrantes, sino también a los ciudadanos europeos de origen no occidental y, en particular, de religión musulmana. La Francia de Macron, histéricamente solidaria con Israel, considera *de facto* a los millones de musulmanes, legalmente franceses, ciudadanos de segunda clase. Desde los años '80, el Estado persigue la jerarquización de sus ciudadanos a través de leyes sobre el velo que afectan única y exclusivamente a la religión musulmana.

Solo los demócratas daneses, en la tan civilizada Europa, tuvieron el coraje de adoptar las técnicas discriminatorias del Estado de Israel. El gobierno de Dinamarca, primero liberal y luego socialdemócrata, introdujo en la ley el increíble concepto racista de «no occidental» (un «no occidental» es alguien que, incluso nacido en Dinamarca, tiene un solo padre «occidental»). Cada año se hacen encuestas en los barrios pobres habitados por «no occidentales», que luego se verán sometidos a una verdadera segregación racial. Considerado un «gueto», sus habitantes recibirán condenas dobles por los delitos cometidos, y los niños «no occidentales» después del primer año tendrán que pasar obligatoriamente 30 horas semanales en la guardería para asimilar los «valores daneses». Se trata de una victoria total para la extrema derecha, que ni siquiera necesita acceder al poder para ver aplicadas sus ideas. Los demócratas toman el mando. Lo que Israel ha estado practicando durante décadas ha sido asumido gradualmente por las democracias en decadencia. El gobierno de Macron, con el voto de la derecha y de la extrema derecha, acepta la invitación de la democracia danesa e inserta por primera vez la «preferencia nacional» en la ley de la «patria de los derechos humanos». La consigna de fascistas y xenófobos se inscribe en la gestión normativa de los derechos sociales, llevando un paso más allá la imposibilidad de distinguir las democracias occidentales de las «autocracias».

Esta derecha liberal socialdemocrática corre el riesgo de volverse hegemónica porque, a diferencia de los populismos más crudos, liberales en términos de «costumbres» (sobre el aborto, las minorías sexuales, etc.), concentra su odio de clase aplicando una política de rechazo a la inmigración y a la integración forzada de los no occidentales.

El gobierno neofascista italiano ha firmado un protocolo con Albania que prevé la construcción de campos de concentración para inmigrantes. En palabras de la neofascista Meloni: «El acuerdo consiste en que Albania dará a Italia la posibilidad de utilizar algunas zonas del territorio albanés en las que Italia podrá llevar a cabo, a sus expensas, bajo su jurisdicción, dos estructuras para crear centros de gestión de inmigrantes ilegales». Prácticamente un Guantánamo para migrantes.

Las tecnologías y dispositivos de control israelíes probados en la piel de palestinos serán bienvenidos.

La complicidad con Israel es política y no simplemente ideológica porque cada Estado, principalmente europeo, tiene sus inmigrantes, sus musulmanes, sus ciudadanos de origen no occidental, su Sur en el que ejercer sus políticas

<96>

racistas. Es una segregación suave comparada con el *apartheid* de los palestinos, pero la lógica es la misma (aquí se llama «gueto»).

La solidaridad obsesiva, cegadora e incondicional de Occidente con el racismo de Israel tiene razones estructurales muy profundas.

Para comprender esto, debemos tomar en serio los conceptos de «hipótesis colonial generalizada» y «colonización del centro» propuestos por Étienne Balibar: «cuando el capitalismo ha completado la conquista, el reparto y la colonización del mundo geográfico –convirtiéndose así en planetario– comienza a recolonizarlo o a colonizar su propio centro». Gilles Deleuze y Félix Guattari, a principios de los años '80, ya habían mencionado los «terceros mundos internos» instalados en Occidente, en el Norte o en el Sur, de modo que la línea de color que separaba la metrópoli de los suburbios se fracturó. Atraviesa y se infiltra en el Norte, dibujando nuevas fronteras, nuevos territorios «salvajes» y nuevas exclusiones/inclusiones de poblaciones no blancas.

<97>

La colonización, que fundó el capitalismo, los Estados y luego las democracias occidentales, no puede evitar permanecer, bajo otras formas, en el centro de su existencia. La hipótesis de la colonización generalizada es diferente del concepto de neocolonialismo que se limita a definir los nuevos métodos del colonialismo, pero trazando la división Norte/Sur como tal. La colonización del centro quiere dar cuenta de cómo la fractura racial atraviesa Europa (y en este punto tanto Israel como Estados Unidos que siempre han gestionado la comida a través de políticas raciales, se convierten en modelos de conveniencia y control). El capitalismo, una vez terminada la colonización, comenzó también a «colonizar» la composición de clase de los países del Norte, no solo porque los inmigrantes y ciudadanos de origen «colonial» son ahora millones, sino también porque el trabajo debe volver a ser «servil». (precario se dice más amablemente) como siempre ha sido en las colonias y desde hace mucho tiempo en el Norte.

Israel es un laboratorio de las discriminaciones y de las políticas raciales, de la guerra contrarrevolucionaria, experimenta sobre el terreno estrategias militares y comunicativas de la «guerra contra la población» que ejerce diariamente sobre los palestinos al margen de todo derecho. Se están produciendo nuevas armas y nuevas técnicas para controlar revueltas, insurrecciones y guerras de guerrillas, pero hoy han perdido gran parte de su propagandizada eficacia.

Después de la caída del Muro de Berlín, los muros, las alambradas, las fronteras blindadas se multiplicaron para significar que no había ganado la democracia, sino la etnización del Estado, la colonización generalizada, un nacionalismo cada vez más fascista, una defensa reaccionaria de las identidades blancas. La resistencia palestina, al volar el muro más odioso, el del *apartheid*, ha dado una indicación estratégica a los inmigrantes, a los racializados y oprimidos y a la humanidad en su conjunto: hacer estallar los muros detrás de los cuales se esconden los privilegios de clase.

<98>

La colonización general es ciertamente un concepto más productivo que la pacificadora e inofensiva «biopolítica» que, como el conjunto de las filosofías políticas, pero también el conjunto de versiones del capitalismo contemporáneo (cognitivo, bio-algo, tecnología de la información, plataformas, etc.) son aún y siempre teorías eurocéntricas, centradas en el Norte. El racismo que se instauró muy temprano, prácticamente al inicio de la contrarrevolución, en la década de 1980, tiene su justificación estructural en este cambio de época, producido por las revoluciones del siglo XX. Cada día tenemos la confirmación del racismo como elemento constitutivo de la identidad occidental. Precisamente durante la explosión de la cuestión palestina, Australia, país estratégico en la OTAN global, país donde se practicó la caza de aborígenes hasta la década de 1950, rechazó la petición de reconocimiento constitucional de los aborígenes con un 59% de los votantes como población originaria del país. Llegados hace entre 50.000 y 40.000 años desde África, los «aborígenes» están condenados, como los indios, a vivir en reservas conformadas por los colonizadores que desembarcaron hace poco más de 200 doscientos años en una tierra que encontraron, como todos los colonizadores —Israel incluido— «no habitada». El gran problema para Israel es que nunca podrá establecer una «reserva» real para los palestinos. Está rodeado de millones de «nativos». Tanto los indios como los aborígenes fueron masacrados en una época en la que la supremacía de Occidente era abrumadora y, de hecho, no había competencia alguna. Los genocidios, los exterminios masivos y las masacres se consideraban actos normales de civilización. Hoy en el Sur del mundo, además de las opiniones públicas de los Estados, que lo hacen más difícil, aunque no imposible.

Violencia, mal absoluto y psicopatología

El problema de la violencia, del uso de la fuerza armada que se está extendiendo rápidamente, tiene una de sus raíces más importantes precisamente en la colonización, el lado oscuro de la acumulación capitalista. Hoy, con los bombardeos sobre Gaza, hemos vuelto a caer en el «corazón de las tinieblas». <99>

La vertiginosa y angustiosa espiral de violencia de la que somos espectadores no tiene nada que ver con el «mal absoluto», insondable, indescriptible, y explicable solo a través de la religión, la psicopatología y la angustia mental. La violencia es, por completo, histórica, política, capitalista. El poeta Aimé Césaire lo dijo claramente: los blancos siguen buscando refugio en la psique enferma o en un mal «religioso y místico» para no querer cortar las cabezas de las tres Gorgonas contemporáneas: la violencia racial, la violencia de clase y la violencia de género (así se despolitiza el problema cuando se lo reduce a desorientación psíquica o a psicosis de masas). Hitler, considerado el abismo de la razón, parece encarnar un delirio psicótico solo para quienes le quitan su origen histórico-político. Hitler es la exportación colonial de la violencia capitalista ejercida sin límites que regresa a Europa. La famosa definición marxiana del capitalismo, «potencia inmanente que no conoce límites», se aplica también a su violencia, que en las colonias se convierte en violencia absoluta, pero que, a partir del siglo XX, invade también la civilización que la creó y exportó. Lo que escandaliza del nazismo a los «muy distinguidos, muy humanos y muy cristianos burgueses del siglo XX no es el *crimen* en sí, el *crimen contra el hombre*, no es *la humillación del hombre en sí*, sino el crimen contra el hombre blanco, la humillación del hombre blanco, y el haber aplicado a Europa procedimientos colonialistas contra los que se alzaban hasta ahora solo los árabes de Argelia, los culíes de la India y los negros de África».

El «mal radical» es una fábula de Hannah Arendt, utilizada para apaciguar a los occidentales, imputándolo a terribles e irrepetibles Estados totalitarios: Hitler en lugar de encarnar la violencia ejercida durante siglos por los europeos sobre las poblaciones consideradas inferiores, hijo del desarrollo «banal» del capitalismo, de su Estado y hoy, de su democracia, sería el resultado de un oscurecimiento abismal de la política como pluralismo producido por las dictaduras.

<100>

Su ex marido, Gunter Anders, parece haber sido más perspicaz: el nazismo es el presagio de un régimen que no tardará en reaparecer, porque sus condiciones no son la «ausencia de pensamiento», la falta de razón, sino una vez más la acumulación «banal» del capital y la necesaria e indispensable violencia absoluta de la acumulación originaria. ¿Qué decir respecto del «mal totalitario» cuando este es promovido, organizado y financiado por las democracias? «¿Podría vivir conmigo misma si realizara esta acción?», se pregunta Arendt refiriéndose a la acción nazi. Aparentemente, los políticos, los periodistas, los capitalistas, los militares, etc., democráticos contemporáneos tienen mucho éxito después de armar, financiar y encubrir criminalmente el genocidio. De hecho, creen haber hecho realidad los valores de Occidente, y en el fondo es cierto, ¡porque siempre han previsto el sometimiento, la humillación, la explotación, la supresión de todo lo que no sea blanco!

Lo que es realmente banal es el deslizamiento gradual y sin fisuras de la democracia hacia el fascismo, del liberalismo hacia la ausencia de libertad, de la competencia hacia la guerra. Ya ocurrió en la primera mitad del siglo XX y se repite hoy de forma ligeramente distinta. El origen del mal «totalitario» ya estaba contenido en el individualismo posesivo, en la incitación a enriquecerse, en la libre competencia, en la privatización, en el Estado democrático. Llevamos mucho tiempo dentro de la banalidad del nuevo fascismo, no hay fecha de cuándo caímos en ella. Empezamos a caer en ella con complicidad cuando removimos el imperialismo, la guerra, la guerra civil, lo negativo y la negación, exaltando, ingenua o irresponsablemente, una vida ya liberada del poder y del capital, ontológicamente poderosa, revolucionaria en sí misma.

En lugar de invocar la angustia psíquica y el «mal», deberíamos «mirar a los ojos al hombre de hierro forjado por la sociedad capitalista para aprehender al monstruo, al monstruo cotidiano [...] La burguesía, como clase, está condenada, lo quiera o no, a cargar con toda la barbarie de la historia, con las torturas de la Edad Media y con la Inquisición, con la razón de Estado y con el belicismo, con el racismo y con el esclavismo», nos dice siempre el poeta.

<101>

Bifo con su mantra del fin de la política opera una demencial inversión de causa y efecto: «Estoy convencido de que el único método cognitivo capaz de comprender la cadena de violencia que se desarrolla en Oriente Medio y en gran parte del mundo es el psicoanálisis, y la psicopato-genealogía».[5] Pareciera que la tarea de los teóricos e intelectuales después de la década de 1970 fue «desarmar» conceptualmente al ya muy débil proletariado contemporáneo.

Las psicopatologías que Fanon (formado en la escuela Tosquelles del hospital psiquiátrico de Saint-Alban, modelo de la Clínica de la Borde de Oury y Guattari) encuentra y analiza en sus pacientes argelinos, tienen su causa en la aniquilación subjetiva producida por el capitalismo colonialista, en la violencia de la depredación que infecta el alma y el cuerpo del colonizado. Fanon combina la descolonización política con la descolonización subjetiva, la más importante de las cuales es, sin duda, encontrar cómo liberarse de la violencia del colonizador.

La «deshumanización sistemática» que practica el colonialismo, donde está vigente el régimen de guerra y excepción permanente, tiene su propia versión occidental.

---

5 Esta lógica lleva a errores garrafales (para ser amable con Franco), psicopatologizar a los aficionados del equipo de fútbol de Glasgow que ondean banderas palestinas en el estadio, pero, pobres proletarios inconscientes, no saben que en cambio lo que habla en ellos es el anti-inconsciente semítico. Análisis enfermo a su vez, para recostarse rápidamente en un sofá. Si este es uno de los primeros resultados del método, es mejor dejarlo como está. La tradición política de esta afición es histórica.

Desde hace cincuenta años estamos sometidos a una guerra y a una guerra civil que también en Europa «multiplica los trastornos mentales y favorece la aparición de fenómenos patológicos específicos», despersonalizándonos, haciéndonos inferiores, aunque sea de forma diferente a los colonizados. Muchas enfermedades mentales tienen sus raíces en la impotencia subjetiva que todos sentimos, en la humillación que nos rebaja a todos, produciendo una frustración racista, sexista, clasista. Esta condición de impotencia se amplificó hasta el paroxismo con el genocidio en curso, porque lo seguimos en directo, informados, alertados incluso por el ejercicio del derecho internacional, pero todavía y siempre impotentes.

<102>

Durante la Segunda Guerra Mundial en Inglaterra y la Unión Soviética «se multiplicó la descripción de patologías. Hoy sabemos precisamente que no es necesario ser herido de bala para sufrir en el cuerpo y en el cerebro la existencia de la guerra», decía Fanon ya entonces. Esto sigue siendo cierto hoy en día, con las bombas que caen continuamente sobre Gaza para nosotros, que tenemos la suerte de no estar en manos del Estado de Israel.

También hay violencia cotidiana, violencia de la explotación laboral, de las relaciones de género, del colonialismo y del neocolonialismo, violencia que parece invisible, pero que se acumula en el cuerpo. La lucha contra la opresión va de la mano de la «liquidación de todas las mentiras introducidas en el cuerpo por la opresión». No se trata solo de «rechazar a las fuerzas enemigas», sino también de «los núcleos de la desesperación cristalizados en el cuerpo del colonizado» que sufre la explotación, la dominación y la guerra.

En lugar del psicoanálisis de masas, Fanon sugiere la lucha por la liberación como un antídoto eficaz: «Solo la lucha puede exorcizar realmente esas mentiras sobre el hombre que inferiorizan y literalmente mutilan a los más conscientes de nosotros».

De hecho, en su libro sobre Argelia afirma que la declaración de guerra del Frente de Liberación Nacional (FLN) contra la ocupación francesa «cura» muchas de las psicopatologías producidas por las humillaciones, deshumanizaciones y opresión sufridas por los colonos. Los colonizados reducidos a la pasividad se revitalizan con la lucha abierta contra el opresor, incluso si no son militantes del FLN. Una cura así sería ciertamente buena para todos, ciertamente mejor que los numerosos métodos de «cuidado» y las impotentes «relaciones consigo mismo» que están de moda hoy en día.

Sobre lo que debemos reflexionar es sobre la afirmación de Aimé Césaire según la cual esta violencia, que hoy debe considerarse a la vez neocolonial y violencia de la colonización generalizada ejercida por los Estados y por las clases políticas y empresariales occidentales, «trabaja para descivilizar al colonizador, para embrutecerlo, en el sentido exacto de la palabra, para degradarlo, para despertarlo a sus instintos escondidos, a la codicia, a la violencia, al odio racial». El «colonizador» del centro que se acostumbra a «ver la *bestia en el otro*, a tratarlo como a una bestia, objetivamente tiende a transformarse en *bestia*». Las palabras del poeta han conservado toda su actualidad: los palestinos siguen siendo clasificados como «bestias salvajes» por el Primer Ministro Netanyahu y «animales humanos» por el Ministro de Defensa, Yoav Gallano. Un ministro socialista francés definió a los *banlieusards* como «sauvageons» (pequeños salvajes).

<103>

Esta violencia de la «colonización generalizada» —de la que Israel es uno de sus ápices— está destinada a regresar y a hacer estallar la civilización que la produjo. Europa acabó así, ¿Estados Unidos también acabará así? La actual guerra mundial y civil puede leerse desde este punto de vista.

La modernidad, la ilustración, el constitucionalismo, el derecho, el liberalismo, el orgullo de la civilísima Europa, siempre han tenido, durante siglos, su opuesto en las colonias, administradas por las potencias europeas más modernas y más ilustradas, donde todos estos hermosos inventos no eran válidos, sino solo la violencia ilimitada de la acumulación original: «En general, la esclavitud velada de los trabajadores asalariados en Europa necesitaba el pedestal de la esclavitud *sans phrase* en el nuevo mundo» (Marx), con la aclaración de que la acumulación original continúa y acompaña, incluso hoy, el desarrollo de capital y democracia.

Con las dos guerras de la primera mitad del siglo XX, una sola y única gran guerra civil mundial, Europa y Occidente finalmente pudieron experimentar de primera mano el lado oscuro y reprimido de su civilización: los blancos deshumanizando a otros blancos con procedimientos que no tenían nada de «ilustrados». Para Adorno y Horkheimer, «la auto-destrucción» a la que tienden las sociedades capitalistas, de la que el nazismo es solo una de sus manifestaciones, tiene sus raíces en la Ilustración.

<104>

También aquí el exorcismo del nazismo convocaba el mal absoluto, la simple y momentánea interrupción de un civil e infinito procedimiento, de la infección superficial de un cuerpo fundamentalmente sano. Vayan a contarles a los colonizados, a los racializados, a los ex esclavos, la historia del Occidente ilustrado. La fábula del Occidente ilustrado que acusa a los demás de no haber salido de la barbarie, la religión y la desesperación, de la vida y el pensamiento «salvajes», no se sostiene ante el «espectáculo» diario de barbarie que ejercen quienes quisieran dar lecciones.

Y es por eso que ni siquiera en la guerra de Ucrania apoyan a Occidente y no ceden ante las mentiras que han transformado a los israelíes en víctimas.

«Colonización: cabeza de playa en una civilización de la barbarie por donde, en cualquier momento, puede infiltrarse la negación simple y llana de la civilización», advierte el poeta. Y agrega: el mayor peligro viene todavía del interior de Occidente, porque la violencia producida por cincuenta años de mundialización genera un «shock de retorno» que, si hace un siglo tomó el nombre de Hitler, hoy siempre puede, de otra forma, proponer una violencia abismal.

La cantidad de explosivos arrojados en Gaza, a 28 de octubre de 2023, supera las 12.000 toneladas, el equivalente a la bomba arrojada en Hiroshima (en enero, el volumen del bombardeo fue dos veces más potente que el de la primera bomba atómica). Además, los estadounidenses, siempre en primera línea y siempre en desmesura, ya habían cerrado este debate hipócrita sobre las muertes de civiles, sumando 166 mil (quemados vivos, deformados por la bomba atómica) en Hiroshima y 88 mil en Nagasaki con otros tantos centenares de miles de heridos. Fueron 650.000 japoneses los que sufrieron las secuelas de la bomba atómica, llamada *hibakusha*, palabra compuesta por tres ideogramas: «sufrir», «explosión», «persona». *The New York Times* recoge declaraciones de oficiales del ejército israelí, según las cuales la estrategia seguida es la utilizada por los aliados en Dresde e Hiroshima: bombardear indiscriminadamente para hacer rendirse al enemigo.

Después de esta hazaña humanitaria estadounidense es ridículo seguir discutiendo la distinción entre militares y civiles, especialmente en un país colonizado, donde solo hay colonizadores y colonizados. En realidad, con la invención de los bombardeos aéreos ya no es posible distinguir entre civiles y soldados, porque, vistos desde arriba, todos están armados y todos indefensos.[6] Las bombas tienen mucho poder, pero no para distinguir entre mujeres, niños, ancianos, entre civiles y combatientes. El bombardeo de Gaza está ahí para demostrarlo, pero para ver que los bombardeos quirúrgicos no pueden existir, es necesario tener los ojos políticos necesarios.

<105>

Occidente, que ha redescubierto su identidad «colonial» en la «lucha global contra el terrorismo» (primero vacilante durante la guerra de Irak, hoy fanáticamente unido porque

---

6 Desde la Primera Guerra Mundial, la distinción entre soldados y civiles ya no tiene sentido, porque desde entonces los civiles han sido las víctimas más numerosas. La guerra es total y por tanto también contra la población. El inventor del bombardeo aéreo experimentado por primera vez, como es debido, en las colonias, no fue hipócrita como los periodistas contemporáneos. Hace ya cien años, un general italiano afirmaba que, en la guerra moderna, «todos se convierten en combatientes [...] ya no puede existir una división entre beligerantes y no beligerantes». Giulio Douhet, graduado en la Academia Militar de Turín en 1889 y, treinta años después, teórico de la guerra aérea, no desaprobaba en absoluto la masacre de civiles, al contrario: los objetivos de los bombardeos debían ser edificios normales, viviendas, fábricas y una población específica. Para destruir tales objetivos, escribió en el libro *Il dominio dell' aria* (Idrovolante Edizioni, 2023) «es necesario utilizar tres tipos de bombas: explosivas, incendiarias y venenosas, proporcionándolas adecuadamente. Los explosivos se utilizan para producir las primeras ruinas, los incendiarios se utilizan para determinar los focos de incendio, los venenosos se utilizan para impedir que los incendios sean apagados por el trabajo de cualquiera». (Fabrizio Tonello del sitio web *Volere la luna*).

siente amenazada su arrogancia) está soportando bien el «shock de retorno», más allá de los neofascismos contemporáneos integrados en las instituciones. La «guerra interminable contra el terrorismo» es un presagio de futuros desastres planetarios.

Con el veto de la ONU que imponen desde hace décadas (35 veces desde 1970), incluso por su cuenta, incluso completamente aislados, contra un alto el fuego inmediato de los palestinos, Estados Unidos demuestra una vez más que no quiere la paz ni en Palestina ni en el resto del mundo. Definitivamente, la «gobernanza» mundial se llama guerra y operaciones policiales, no se trata de biopolítica ni de neoliberalismo. No es la única razón, ni la principal, pero con la guerra, de 100.000 millones de ayuda a Kiev, 60.000 millones nunca salieron de Estados Unidos porque fueron a parar a pedidos para la industria militar norteamericana, un sector estratégico del funcionamiento del capitalismo que regula el ciclo de acumulación, constituyendo el correspondiente de las exportaciones en el imperialismo clásico, abasteciendo la demanda necesaria para la realización de plusvalía.

El secretario de Estado estadounidense Antony Blinken es más consciente que los críticos del capitalismo de la función de motor económico/político de la industria bélica. Repitió, con respecto a la financiación israelí, la cínica declaración que ya había hecho sobre la financiación de la guerra contra los rusos:

> Si se fijan en las inversiones que hicimos en la defensa de Ucrania [...], el 90% de la ayuda a la seguridad que proporcionamos se gastó en realidad aquí en Estados Unidos, con nuestras fábricas, con nuestros fabricantes [...] Esto creó más puestos de trabajo estadounidenses y más crecimiento en nuestra economía.

Después del fin del neoliberalismo

El proceso de desempoderamiento del neoliberalismo iniciado en torno a la crisis financiera del 2007/2008 se materializa con la criminalización histérica y la represión de

<106>

360 grados a cualquier opinión que no esté en línea con el apoyo a Israel, con el cierre de cualquier espacio político de solidaridad con los palestinos. La centralización del poder y la progresiva eliminación de la democracia, acelerada con la crisis del Covid-19, alcanzó un primer paroxismo con la guerra en Ucrania, y su apogeo (solo por el momento) con el conflicto Israel-Palestina.

Si durante el neoliberalismo era difícil distinguir la derecha de la izquierda, hoy resulta cada vez más complicado hacerlo entre partidos democráticos y fascistas, reaccionarios, conservadores, fundamentalistas religiosos que se han integrado perfectamente en las instituciones democráticas (ver la fuerza de las iglesias evangélicas fanáticas en los Estados Unidos).

<107>

El relato del choque entre civilizaciones, entre Occidente y el resto del mundo agrupados en un conjunto indistinto de oligarquías, autocracias, teocracias, creyentes y creencias fuera de tiempo, comportamientos premodernos, religiones sin futuro, se ha convertido en la norma absoluta por cuyo respeto velan los periodistas «integrados», experimentados con la guerra en Irak. Se trata de una versión actualizada de la misión civilizadora del colonialismo europeo.

Quizás aún no esté claro, pero en este momento lo que el sistema político mediático pone en escena es la lucha del colonizador, superior moral, política y económicamente, *convertido en víctima* frente al colonizado violento, desprovisto de razón (esta última propiedad de Occidente que durante algún tiempo —Hegel— la hizo coincidir con la realidad), poseído religiosamente, terrorista, salvaje, simétricamente hecho para convertirse ya *no en víctima sino en verdugo*.

Nada nuevo: los *westerns* de nuestra infancia nos enseñaron que las víctimas del colonialismo (los «indios») eran en realidad los verdugos que atacaban las granjas aisladas donde una madre blanca y rubia se ocupaba inocentemente de las tareas del hogar y los niños blancos y rubios que jugaban con la misma inocencia eran masacrados cobardemente. La humanidad indignada solo podía ser restaurada con la venganza del hombre blanco.

El modelo de conversión de víctima en verdugo fue proporcionado por la democracia estadounidense y su industria cinematográfica, que construyó la mayor glorificación y absolución del colonialismo de asentamiento, el genocidio de los nativos y la explotación de los esclavos africanos y la consiguiente segregación y *apartheid* racial (proporcionado por las «Leyes Jim Crow» promulgadas entre 1876 y 1965, modelo de las leyes raciales para los nazis). Las raíces del racismo y de la esclavitud se hunden en el terrorífico, visto por los nativos y los esclavos, «Nosotros el pueblo» de la Constitución estadounidense, cuya traducción correcta es «Nosotros los blancos», en la base de la única verdadera revolución política, según Hanna Arendt.

<108>

Como en todo colonialismo, la vida de unos y otros no tiene el mismo valor. La Europa que lo inventó y lo practicó es incluso más ferozmente racista que su amo estadounidense. El eje franco-alemán, destruido por la iniciativa estadounidense como líder de Europa, se reconstruyó gracias a la prohibición de demostrar solidaridad con los palestinos. Verdaderos enanos políticos, es comprensible cómo pueden ser subyugados por Estados Unidos sin disparar un solo tiro. Olaf Schloz, que todavía no parece darse cuenta de que los estadounidenses sabotearon su economía gracias a la guerra en Ucrania, da carta blanca al genocidio de los palestinos porque sus padres practicaron la Solución Final de los judíos.

> Es importante decir esto en estos tiempos difíciles para Israel: la historia de Alemania y la responsabilidad que tiene para el Holocausto requiere que apoyemos la seguridad y la existencia de Israel. (*Financial Times*, 18 de octubre de 2023)

El consciente y el inconsciente de Occidente se identificaron inmediatamente con el racismo de Estado, que no es ideología, sino una «fuerza económica» (como dice Marx más arriba) transformada en un choque entre civilizaciones provocado, primero, por pequeños fascistas progresivamente capaces de conquistar los medios de comunicación, las clases dominantes y los «intelectuales».[7] En Estados

---

7 «Nuestra identidad cultural —escribió Fallaci— no puede resistir una ola de migración formada por personas que de una forma u otra quieren cambiar nuestra forma de vida, nuestros valores. Aquí no hay

Unidos el choque de civilizaciones se ha sistematizado y ha adquirido su forma definitiva. Su motor es el doble fundamentalismo de Estados Unidos: el religioso y político (iglesias evangélicas y neoconservadoras) y el del «mercado».

La ocasión de su difusión mundial fue el 11 de septiembre de 2001. Hoy, como entonces, la palabra «terrorismo» hace imposible cualquier análisis, cualquier juicio, cualquier definición de causas y responsabilidades. A partir de la oscuridad intelectual que provoca en las mentes de quienes se creían intocables, el fundamentalismo religioso y neoconservador del gobierno estadounidense ha promovido veinte años de «guerra infinita» contra el «mal absoluto», ha provocado cientos de miles de muertes, abrumadoramente civiles, y ha quemado miles de millones de dólares en el altar de la industria armamentista, creando las condiciones para la reproducción y expansión del «terrorismo» que querían destruir.

<109>

El fundamentalismo religioso se encuentra hoy en las más altas posiciones institucionales estadounidenses, tanto o incluso más que en la época de la guerra en Irak, donde causó desastres por los que todavía estamos pagando. El discurso inaugural de Johnson, fundamentalista religioso, que impugnaba la victoria de Biden, y que fue elegido presidente de la Cámara de Representantes en octubre exaltó la base religiosa de su política, afirmando posiciones que, incluso hace unos años, habrían sido prerrogativa de los sectores ultraconservadores y fanáticos de la extrema derecha sobre el aborto y el matrimonio homosexual, que defienden la «cura» de los homosexuales mediante la terapia y la conversión y les niegan todos los derechos.

El fundamentalismo de mercado, tan fanático como el primero, nos ha hecho caer en la crisis financiera más grave que ha conocido el capitalismo, de la que aún no hemos salido, y que ha sembrado austeridad, miseria y frustración en

---

lugar para los muecines, para los minaretes, para los falsos abstemios, para su puta Edad Media, para su puto chador. Y si lo hubiera, no se lo daría». Un choque entre civilizaciones, en realidad no: «Me molesta siquiera hablar de dos culturas: ponerlas al mismo nivel como si fueran dos realidades paralelas, de igual peso y de igual medida».

todo el mundo (sobre todo en los países más pobres, algunos destruidos como la europea Grecia), abriéndose a la guerra entre Estados y a la guerra civil permanente, precisamente porque el «mercado» es un fundamentalismo incapaz de salir de los *impasses* que él mismo determina.

El fundamentalismo de otras religiones no cristianas (islam, pero también hinduismo) es la otra cara, simétrica y especular de estas corrientes reaccionarias, tradicionalistas, que recorren todas las sociedades. Después de 2011, allí donde hubo luchas, insurrecciones, revueltas (en Egipto y Argelia, por ejemplo), primeras consecuencias de la gran crisis financiera, no hubo islamismo alguno. Solo una vez derrotados los levantamientos y las insurrecciones aparecieron los partidos religiosos.

<110>

El fundamentalismo cristiano tiene la particularidad de estar estrechamente entrelazado con las élites capitalistas, la administración del Estado, los partidos políticos y los ejércitos más poderosos del mundo. Especialmente en Estados Unidos, la extrema derecha y el fundamentalismo cristiano son indistinguibles. En este fundamentalismo, en el que la voluntad de dominar se combina, sin mayores contradicciones, con la sed de lucro, y que tiene a su disposición, para imponerlas, tanto *armas de destrucción masiva* (que el Pentágono sigue buscando en Irak) suministradas por el ejército más poderoso de la historia de la humanidad, como la moneda y las finanzas, armas de destrucción masivas igualmente poderosas, capaces de poner de rodillas a todas las economías.

El oscurantismo religioso más atrasado armoniza con las realizaciones más avanzadas de la invención tecnológica y científica. El capitalismo coexiste y se alimenta del dios de las distintas iglesias protestantes y del dios del dinero. Juntos nos están llevando a la catástrofe. Ya sea que los estadounidenses intervengan para establecer y financiar el terrorismo islámico o para hacer la guerra, el resultado siempre es su consolidación y expansión. Después del apoyo incondicional al genocidio de los palestinos, solo nos queda esperar la próxima ola de ataques y el fortalecimiento de Hamás. Incluso el fundamentalismo religioso judío, ampliamente presente en el gobierno, tiene a su disposición el ejército más agresivo de Oriente Medio y no se priva de utilizarlo contra los civiles de Gaza, porque, como afirmó el presidente Herzog, «si no se vuelven contra Hamás, son cómplices de los terroristas».

Pero también hay otras razones, más allá de la convergencia hacia el racismo institucional de los Estados. Las clases dominantes occidentales están aterrorizadas por la pérdida de su poder unilateral en el mundo, como bien lo expresa esta declaración publicada por el *Financial Times* el 18 de octubre.

<111>

> «Definitivamente hemos perdido la batalla en el Sur Global», dijo un alto diplomático del G7. «Todo el trabajo que hemos hecho con el Sur Global [sobre Ucrania] se ha perdido [...] Olvídate de las reglas, olvídate del orden mundial. Nunca más nos escucharán [...] Lo que dijimos sobre Ucrania tiene que aplicarse a Gaza. De lo contrario, perderemos toda nuestra credibilidad», añadió. «Los brasileños, los sudafricanos, los indonesios: ¿por qué deberían creer lo que decimos sobre los derechos humanos?

Al cuestionamiento de una dominación ejercida sin límites primero por Europa y luego por Estados Unidos se suma la posible derrota política en otra zona estratégica para Occidente.

La derrota que se avecina para los estadounidenses en Ucrania hace que sea absolutamente necesario defender a Israel. Biden no puede detenerlo y sufrir una segunda derrota so pena de ver escaparse de sus manos otro pedazo de mundo en un siglo que ya no será estadounidense.

La resistencia palestina ha abierto una nueva fase política. Y ha arruinado, al menos por ahora, los planes de los Estados Unidos y de Europa, que querían construir una «ruta del algodón», un corredor comercial que, partiendo de la India y pasando por los Emiratos, debía conducir al Mediterráneo. Fue un intento obvio de oponerse a la «Ruta de la Seda» china. Como muchos planes occidentales en este periodo, el conflicto en Oriente Medio los destruyó incluso antes de que pudieran comenzar.

La reacción occidental solidificó lo que la guerra en Ucrania ya había establecido en el «mundo libre»: hegemonía total de Estados Unidos y subordinación humillante de sus aliados. Al mismo tiempo que los primeros destruyen las economías de los segundos, se fortalece la subordinación incondicional de estos últimos. Europa está ahora bloqueada, tanto económica como políticamente, no solo en el Este, sino también en el Sur, y solo tiene que inclinarse (y pagar a precio de oro la energía) hacia el Oeste. Dependiente energéticamente del sur del Mediterráneo, se ha ganado enemigos en todos los países que pueden suministrarle gas y petróleo, mientras Francia y su arrogancia son expulsadas de sus antiguas colonias. Europa emerge vergonzosamente dominada por estas dos guerras, sin futuro interno ni externo. Solo los imbéciles pueden creer en un proyecto político europeo.

<112>

Los bombardeos sobre los colonizados han derribado toda la propaganda construida sobre la guerra en Ucrania: democracia contra oligarquía. El poder occidental se muestra como el de siempre: colonialista, supremacista blanco, imperialista, para quien el agresor no es condenado cuando le resulta funcional. No se trata de subestimar a otros imperialismos y otros Estados que tienen los mismos comportamientos e intereses similares a los Estados del Norte, y que si pudieran ejercerían el poder con igual o peor violencia que los Estados Unidos. El problema, al menos en esta fase política, es que para esta última no se trata de la libertad condicional sino, desde 1945, del ejercicio real y criminal de un número impresionante de guerras y guerras civiles que han causado millones de muertos, destruido revoluciones y asesinado revolucionarios; utilizó, por primera y única vez, la bomba atómica contra civiles; arrojó (solo sobre Vietnam) más bombas que durante la Segunda Guerra Mundial; organizó decenas de golpes de Estado; construyó y financió el «terrorismo»; inventó la guerra entre civilizaciones; hizo evolucionar la democracia hacia la hegemonía de los fundamentalismos cristianos que desde 1991 nos arrastran a aventuras, una más asesinas que las otras; saqueó el mundo entero a través del dólar; creó la mayor crisis financiera del capitalismo, poniendo fin a la mundialización «feliz» y abriendo así la puerta a la guerra.

Gaza encaja coherentemente en este marco de dominación de un mundo que escapa a Estados Unidos. ¿Cuánto tiempo puede durar su destrucción? Cuanto más dure, más crecerá en todo el mundo el odio hacia estas «democracias de los derechos humanos», esperando y trabajando para transformarlo en un nuevo internacionalismo.

<113>

4. Sobre la democracia (del consumo)

«Y es así que a través de estas instituciones aparentemente encaminadas a brindar protección y seguridad se establece un mecanismo por el que todo el tiempo de la existencia humana es puesto a disposición de un mercado de trabajo y de las exigencias del trabajo. La primera función de estas instituciones de secuestro es la explotación de la totalidad del tiempo. Podría mostrarse, igualmente, cómo el mecanismo del consumo y la publicidad ejercen este control general del tiempo en los países desarrollados».

Michel Foucault

«La necesidad de dinero es la verdadera necesidad engendrada por la economía política [...] La inmoderación y la falta de medida devienen de sus verdaderas medidas».

Karl Marx

«Occidente defiende su consumo excesivo y su nivel de vida basado en acabar con la atmósfera y el clima; y para defenderlo, sabiendo que provocará el éxodo del sur hacia el norte, y no solo del pueblo palestino, se alista a responder con la muerte [...] Su política busca defender la burbuja del consumo de los ricos del planeta y no salvar a la humanidad, cuyas mayorías le son desechables, como los niños de Gaza. Por eso las fuertes políticas anti inmigración, los campos de concentración para inmigrantes, los miles de náufragos muertos, por eso el tapón del Darién, por eso los bloqueos económicos a los países rebeldes. La derecha de Occidente ve la solución a la crisis climática, como una "solución final", la derecha vuelve a soñar con Hitler y conquista la mayoría de los pueblos ricos y arios de Occidente y nuestras oligarquías latinoamericanas, que no ven otro mundo en donde vivir que el de los "malls" de la Florida o de Madrid [...] Gaza es solo el primer experimento para considerarnos a todos y todas desechables».

Gustavo Petro

<115>

La ideología que acompaña y acompañará a la guerra y a las guerras civiles mundiales fue construida por Estados Unidos a partir de la oposición entre democracia y totalitarismo, entre democracia y fundamentalismo religioso. Por tanto, es importante saber qué debe entenderse por democracia, en qué se ha convertido dentro de la contrarrevolución y cómo se ha transformado para satisfacer las necesidades de la acumulación capitalista, de su imperialismo y de su centralización mortífera. Una primera respuesta nos viene de Israel, que nos ofrece una imagen perfecta de qué podemos esperar de sus instituciones. En realidad, en comparación con el Sur del mundo, siempre fue tan genocida como la vemos hoy, mientras que en el Norte intentó, durante un tiempo, de 1945 a 1970, gobernar la guerra civil a través de la economía y la democracia. Hoy esta doble «mediación» se está desmoronando definitivamente.

<116>

Mario Tronti sostiene que la clase obrera no fue derrotada por el capitalismo, sino por la democracia. Nosotros corregimos y, al margen, afirmamos que la causa principal de la derrota histórica del movimiento obrero no se encuentra, al menos en el Norte, en la democracia liberal, en su tradición institucional y constitucional, sino en la democracia reconfigurada por un capitalismo en cuyo *centro encontramos el consumo* y su motor, que desde los años 70 ya *no es el salario, sino el crédito/deuda*. En la contrarrevolución, el crédito y el consumo no solo reconfiguran la economía, sino también el sistema político occidental.

A principios de los años '70, la Trilateral elaboró un documento sobre la *governance* o la gubernamentalidad, es decir, sobre la crisis de mando de los Estados y del capital sobre el proletariado, que se convertiría en la agenda de la contrarrevolución. Los problemas de Estados Unidos «provienen de un exceso de democracia», mientras que en Europa los gobiernos están «sobrecargados de participantes y de demandas» que el Estado y su administración no pueden gestionar. Un análisis muy similar al que los ordoliberales y Carl Schmitt hicieron de la República de Weimar en los años 20. Lo que se cuestiona es la forma liberal-democrática del sistema político establecido en el Norte tras la Segunda Guerra Mundial. Su nacimiento se produjo en la intersección de diferentes dinámicas. Una «recompensa» que se debe a las poblaciones sacrificadas en las dos guerras mundiales («vayan y háganse masacrar y nosotros, con el *Welfare*, garantizaremos el cuidado de la vida de los supervivientes» escribió Foucault); a la necesidad de controlar los mercados financieros cuya libertad había desencadenado las guerras y las crisis mundiales de la primera mitad del siglo; al fin de los regímenes fascistas y las diversas «resistencias» que habían contribuido a ello; pero mucho más profundamente, a la democracia social y política que no fue sino una respuesta al gran ciclo de las revoluciones del siglo XX. El miedo a la Revolución rusa, a la Revolución china y a los intentos fallidos en Europa había sembrado el pánico entre las burguesías y las clases dirigentes estadounidenses y europeas. En la posguerra, «una avalancha de guerras civiles» mantuvo la presión sobre los capitalistas y los Estados, que se vieron obligados a hacer concesiones, tanto económicas (salarios, *Welfare*) como políticas (democracia, derechos). El constitucionalismo nunca se habría convertido en democracia sin revoluciones y guerras de clases.

<117>

Para la Trilateral, la Constitución, el Estado, los partidos, la administración, las corporaciones tal y como se habían organizado en el sistema político de posguerra, incluso sin salir nunca del marco de la propiedad privada, el capitalismo y el liberalismo, seguían estando demasiado a merced de las relaciones de poder, de la lucha entre clases. El conjunto de condiciones económicas y políticas que favorecían las reivindicaciones y derechos de las masas debían ser desmanteladas porque representaban «cuerdas y lazos» que impedían la libre acción del capital financiero, sus procesos de captura de la riqueza social, las privatizaciones (en primer lugar del sistema europeo de economía mixta que iba a ser entregado íntegramente al sector privado), la reducción del gasto público para liberar recursos para las empresas y las finanzas, la destrucción de los derechos de los trabajadores, etc. Hay dos instrumentos básicos de esta estrategia, la sangrienta guerra civil en el Sur y la derrota política del movimiento obrero en el Norte, y al mismo tiempo la elección estratégica del «gran endeudamiento del Estado, de las empresas y de las familias» para alimentar el gran consumo del Estado, empresas y familias, recortando y bloqueando al mismo tiempo los salarios. Deuda y consumo son las dos fuerzas que actúan transversalmente en la economía y en la política, transformando ambas.

Las constituciones liberal-democráticas deben ser desmanteladas porque, a pesar de su liberalismo, a pesar de su capitalismo, siguen siendo demasiado peligrosas, cumpliendo o acompañando las demandas de democracia, de salarios, de derecho que surgían desde abajo. En su lugar, la constitución formal debe registrar ahora las relaciones de fuerza de la constitución material, en la que ya no está escrito con letras claras los derechos de los trabajadores y «el pueblo», sino la primacía de los acreedores sobre los deudores y los instrumentos para conseguirla (presupuesto equilibrado, etc.).

<118>

La progresiva integración del movimiento obrero y de las clases populares operada por la democracia del capital en los Treinta Gloriosos encuentra dificultades crecientes. La más importante de las *mediaciones, el consumo sea privado o socializado (welfare)*, parece agotar su poder de «pacificación». La inflación galopante y el fortalecimiento del dólar que aumenta la deuda de los países más pobres (la primera ligada a la continua crisis financiera y la segunda a la guerra) son las otras condiciones que hacen aún más real la guerra civil mundial.[1]

El colapso financiero de 2007-2008 persiste detrás de las guerras y las guerras civiles. El crédito y la deuda que habían constituido las fuerzas expansivas e impulsoras de la acumulación se convierten en fuerzas destructivas que continúan erosionando las bases de funcionamiento de la economía capitalista, pero también de la democracia liberal.

Con el capitalismo financiero, el consumo (individuos, empresas y Estados) y la deuda, condición y prerrequisito del primero, se convierten, o bien en *fuerzas económicas* que contrarrestan el estancamiento, que impulsan la acumulación, la aceleran (crecimiento); o bien en fuerzas que la

---

[1] Para un tratamiento más exhaustivo de la cuestión, me permito remitirlos a *El Imperialismo del dólar. Crisis de la hegemonía estadounidense y estrategia revolucionaria*, Buenos Aires, Tinta Limón Ed., 2023.

frenan, destruyendo las capacidades productivas (deflación), o bien en *fuerzas de transformación de las subjetividades*, pero también en las principales *fuerzas políticas* capaces de transformar el sistema político y de garantizar, alternativamente, consenso y estabilidad a la «democracia» o exclusión, represión y destrucción de clases sociales e instituciones.

La acción transversal del crédito/consumo se manifiesta en la evolución de la democracia, donde encontramos el doble movimiento de centralización y descentralización que caracteriza a la acumulación capitalista. Por un lado, tenemos un proceso «democrático», de desarrollo de la libertad, que coincide con la expansión «horizontal» del consumo, siempre diferenciado y jerarquizado según las polarizaciones de ingresos y activos y las diferencias entre el centro y la periferia, mediante el cual la democracia se convierte en «democracia social» del consumidor, más que del ciudadano; por otro lado, la verticalización del poder ejecutivo priva al poder legislativo (y por tanto también al votante), por lo que la democracia degenera rápidamente, integrando nuevas formas de fascismo, fundamentalismo religioso y guerra civil en su funcionamiento cada vez más autoritario. La guerra en Ucrania y el genocidio de Israel contra los palestinos tienen como complemento la degeneración de la democracia iniciada en los años '70.

<119>

El gran endeudamiento y el gran consumo

El análisis político del consumo siempre ha sido descuidado por el pensamiento crítico, cuando en realidad constituye el porcentaje más importante del PIB. En los años 1970 empezamos a encontrar intuiciones importantes a este respecto: en la obra de Sweezy el consumo se convierte, gracias a la financiarización, en un arma económica estratégica para vencer a los salarios y al bienestar, mientras Pasolini o Baudrillard, pero también Lacan, destacaban su fuerza de sometimiento, pero rara vez lo relacionaban con la deuda y el crédito, que es la verdadera novedad frente a los Treinta Gloriosos.

Intentaremos analizar brevemente las funciones «objetivas» y «subjetivas» del crédito/consumo, comenzando por las primeras, haciendo especial hincapié en sus poderes destructivos, que abren la puerta a la guerra y a la crisis ecológica. La economía del crédito (y de la deuda) requiere una subjetividad que no es la del obrero: la producción capitalista contemporánea es simultáneamente la producción y la destrucción de una nueva subjetividad.

<120>

El único marxista que captó, ya a comienzos de los años '60 y '70, la nueva configuración del dominio mundial sobre el trabajo y la sociedad fue Paul Sweezy. En 1978, cuando la totalidad de los marxistas seguían centrados en la clase obrera y la producción, Sweezy desplazó los términos del debate: «El factor determinante con diferencia en Estados Unidos no fue, como cabría esperar normalmente, la acumulación de capital, sino el consumo», gracias al crédito.

El capitalismo tiene una tendencia natural al estancamiento. Entre las fuerzas que pueden contrarrestar esta tendencia, Sweezy enumera las finanzas y el gran endeudamiento (de hogares, empresas y Estado) introduciendo el análisis de una dinámica capitalista que empezó a desarrollarse a partir de mediados de los años sesenta. El crédito ya no funciona solo como acelerador del desarrollo de las fuerzas productivas, sino también y sobre todo como dispositivo para impedir su bloqueo. El endeudamiento masivo y la explosión del consumo toman la forma, al mismo tiempo, de fuerzas que contrarrestan el estancamiento y de lo que Sweezy denomina «empleo improductivo», «despilfarro», «consumo superfluo», que está en el origen de la destrucción de la sociedad, el medioambiente y la subjetividad. El capitalismo pierde otra pieza de la función «progresista» que Marx le atribuía.

El *corporate paradigme* construido en torno a la sociedad por acciones, parte de un conjunto de monopolios y oligopolios, pierde su centralidad y se convierte en un elemento de un dispositivo controlado por las finanzas, el dinero y la deuda. Según Sweezy, el poder no debería buscarse tanto en las salas de juntas de las corporaciones, sino más bien en los «mercados financieros». El centro de la economía pasó de la producción de bienes y servicios a la compra-venta de dinero y la multiplicación de activos financieros.

El punto crucial de la estrategia contrarrevolucionaria lo constituye el «gran endeudamiento» que afecta a las empresas, al Estado y a los consumidores. Sweezy insiste sobre estos últimos: *el crecimiento de la deuda de los consumidores es, al mismo tiempo, «causa y efecto» del papel fundamental del consumo en el proceso de acumulación que a partir de ese momento nunca abandonará.*

Sweezy no solo critica su propio trabajo («El capital monopolista» subestima la función de las finanzas y la deuda), sino en términos más amplios, a Marx y al marxismo que tiende a separar la acumulación industrial y la acumulación financiera, la economía real y la economía virtual, el capital que produce y vende bienes y el capital que produce y vende dinero y productos financieros.

<121>

Las finanzas no se definen como «parasitarias» y ni siquiera pueden ser capturadas por el concepto marxista de «capital ficticio». Podríamos habernos ahorrado muchos debates inútiles a principios de siglo si hubiéramos adoptado esta definición de finanzas y capitalismo.

«¿Realmente la *casino society* canaliza demasiado talento y energía hacia juegos financieros vacíos? Sí, claro. Ninguna persona sensata podría negarlo. ¿Lo hace en detrimento de la producción de bienes y servicios reales? Absolutamente no. No hay razón para suponer que, si se pudiera deflactar la estructura financiera, el talento y la energía de los empleados se desplazarían hacia el empleo productivo. Simplemente no se utilizarían y aumentarían la ya enorme reserva de recursos humanos y materiales inactivos del país. ¿Es la *casino society* un freno importante al desarrollo económico? De nuevo, absolutamente no. El crecimiento que la economía ha experimentado en los últimos años, aparte del atribuible a un aumento sin precedentes del aparato militar en tiempos de paz, se debió casi en su totalidad a la explosión financiera», escribió el economista marxista en 1985.

La centralización, la verticalización de los dispositivos de poder a través de las finanzas, la moneda, la deuda —gracias a su naturaleza de bienes y dispositivos de mando «abstractos», pero terriblemente eficaces— alcanzan sus cimas.

Paul Sweezy, cuya deuda directa con Kalecki y, por tanto, indirecta con Rosa Luxemburgo, es grande, como él mismo reconoce, capta las nuevas posibilidades que se ofrecen al capital para resolver el problema de la realización del excedente,[2] más allá de la colonización y de los «mercados exteriores» del imperialismo clásico. Nuevas posibilidades que requieren una intervención aún más fuerte del Estado. Todavía estamos lidiando con el imperialismo y los monopolios, pero, a diferencia de la era de Lenin, *el consumo* y *el gasto público* en los países centrales pueden funcionar como «mercados externos» y representar tendencias muy efectivas contra el estancamiento y la caída de las ganancias que los monopolios inevitablemente producen. Sweezy va aún más lejos, anticipando una función de finanzas/crédito que no existía en la época del imperialismo clásico: a mediados de los años '60, el gran endeudamiento del Estado y de las empresas y, sobre todo, a partir de mediados de los años '70, *el endeudamiento de las familias, de los trabajadores e incluso de los pobres,* permite asegurar la realización de la plusvalía, congelando los salarios sin recortar el consumo.

El mecanismo más importante a través del cual una gran parte del proletariado, incluso los pobres, obtuvieron acceso al crédito fue la compra de una casa mediante préstamos bancarios (el 80 % de los préstamos bancarios en Estados Unidos e Inglaterra son hipotecas bancarias con la consecuencia de que los precios de la vivienda suben hasta la cantidad que un banco esté dispuesto a prestar). La casa comprada a crédito se revalorizaba año tras año, lo que

<122>

---

2 Los «mercados externos» (colonias) de Rosa Luxemburgo y las «exportaciones internas» de Kalecki (gasto público financiado mediante déficit, consumo privado, también definido por Sweezy como «colonización interna») y las inversiones en armamento sostienen la demanda efectiva y, por lo tanto, la realización de plusvalía y su crecimiento. Permiten que las ganancias aumenten por encima del nivel determinado por la inversión privada y el consumo de los capitalistas (en cualquier caso, incapaces de realizar por sí solos el excedente producido).

posibilitaba la concesión de nuevos préstamos garantizados por el aumento del valor de la casa. Los salarios se estancaron, pero el dinero a crédito parecía inagotable.

La cadena de San Antonio, a la que se redujeron las sofisticadas innovaciones financieras, funcionó durante un tiempo sobre todo en Estados Unidos, pero también en España, haciendo creer a los deudores que se enriquecían. Cuando llegó la inevitable crisis, millones perdieron sus casas y el acceso al crédito, y con ellos la ilusión de que estaban fuera del proletariado. Las montañas de dinero sin intereses vertidas en el sistema financiero para amortiguar la crisis, sin resolverla, fueron medidas temporales. Hoy ya están agotadas y la crisis económica de 2008, que nunca se resolvió, se repite con el agravamiento de las guerras en curso.

<123>

En la lucha capital/trabajo se inscribe el *interés (el interés producido por el dinero)*, que desborda a ambos, pero solo destruye al segundo, que es solo una forma superior y más abstracta del primero (el dinero de crédito). La política de endeudamiento de masas y, por tanto, también de los pobres encontrará su corolario en las hipotecas «subprime», causantes del colapso del sistema financiero que está en el origen de la actual guerra. La eficacia de las contratendencias al estancamiento (los bancos centrales inundan las economías con liquidez) genera a su vez una radicalización de las diferencias de clase que no dejan de polarizarse.

En la «sociedad de la opulencia», estos gastos tienen una «capacidad colosal de generar despilfarro privado y público» con enormes consecuencias negativas sobre la habitabilidad del planeta. El consumo ya no tiene que satisfacer necesidades básicas, sino que debe crear deseos que nunca tendrán que ser satisfechos, por lo que el nuevo capitalismo producirá, al mismo tiempo, deseo y carencia. Antes de producir la mercancía, hay que producir el par de deseo y carencia, capaz de estimular la subjetividad al punto de una bulimia de compra y consumo de bienes desconocidos para las generaciones anteriores. En consecuencia, se desarrolla un enorme aparato de publicidad y marketing que crea, «manipula» necesidades y deseos absorbiendo recursos cuyo único fin es la reproducción política del capitalismo.

El «despilfarro» también lo produce el consumo socializado (gasto público) encarnado en el creciente gasto del Estado en la guerra. El gran desarrollo de la industria armamentística, no se trata solo de despilfarro, sino de una producción que no puede llamarse otra cosa que destrucción.

El gasto militar constituye un recurso en manos del Estado para contrarrestar la tendencia al estancamiento del capital, tanto en la época de Lenin y Kalecki como en la actualidad. De hecho, el último presupuesto del Pentágono es el más alto de su historia: 885 mil millones de dólares.[3]

<124> Occidente, para no implosionar, debe convertirse en una economía militar. No se trata solo de recortar el gasto público para liberar recursos para armamento, sino de reorganizar la producción para la guerra. El ministro alemán de Defensa afirmó que, a finales de esta década, Europa estará en guerra con Rusia. El almirante Bauer, comandante del Comité Militar de la OTAN, compuesto por los jefes de Estado Mayor de todos los países de la OTAN, precisa y detalla: «Tenemos que darnos cuenta de que no es una conclusión inevitable que estemos en paz. Y por eso [las fuerzas de la OTAN] nos estamos preparando para un conflicto con Rusia». Pero el discurso también debe implicar a la producción y a la población: «Hay que poder contar con una base industrial que pueda producir armas y municiones lo suficientemente rápido como para continuar un conflicto si nos vemos implicados». Y al mismo tiempo revisar la organización del ejército, que no puede limitarse a reclutar profesionales, por lo que el almirante empieza a hablar de movilización, reservistas o reclutamiento: «Hay que tener un sistema para encontrar más gente si llega la guerra, tanto si llega como si no». Incluso los militares empiezan a darse cuenta de que la guerra, como la producción, no se hace con inteligencia artificial, sino con hombres.

Los llamamientos a la militarización de toda la sociedad se multiplican. Sir Patrick Sanders, jefe del ejército británico, declaró en enero de 2024: «En caso de guerra con Rusia, la fuerza aérea no es suficiente. Ahora necesitamos

---

3 En *Guerra o Revolución. Porque la paz no es una alternativa*, Buenos Aires, Tinta Limón, 2022, traté brevemente las posiciones de Kalecki.

soldados de tierra y una movilización nacional». Debemos tomar «medidas preparatorias para permitir que nuestras sociedades se pongan en pie de guerra. Tal acción no es simplemente deseable, sino esencial». Cita el ejemplo de Suecia, que acaba de reintroducir una forma de servicio nacional a medida que se acerca su adhesión a la OTAN. «Ucrania demuestra brutalmente que los ejércitos regulares inician las guerras, pero son los ejércitos de los ciudadanos los que las ganan».

Así que incluso una eventual paz en Ucrania no significa el fin de la guerra, que, por el contrario, será la idea rectora de todas las opciones económicas, políticas y sociales del futuro, porque, dicen, debemos luchar contra Rusia, pero se refieren a China. La destrucción creciente de hombres y cosas sigue siendo el objetivo de la acumulación originaria.

<125>

Las guerras tienen también una función económica fundamental porque son, junto con las innovaciones tecnológicas (máquina de vapor, ferrocarriles, automóviles, etc.), estímulos externos fundamentales contra el estancamiento típico de las economías dominadas por los monopolios.

> Desde el punto de vista de las consecuencias económicas, las guerras deben dividirse en dos fases: la fase bélica de la guerra y la de las consecuencias. Ambas implican una agitación de la economía que es tanto más radical cuanto más larga y total es la guerra. Por esta razón, grandes guerras como las de 1914-1918 y 1939-1945 son, desde el punto de vista económico, similares a innovaciones revolucionarias.[4]

La gran aceleración, denunciada por los ecologistas desde la posguerra, ha tenido un impacto devastador en las condiciones de reproducción de la vida humana en el planeta, por lo que el concepto de «despilfarro» puede y debe sustituirse

---

4 Paul Sweezy: «Durante la fase de guerra, la demanda militar naturalmente se dispara [...] mientras que la demanda civil disminuye. En el caso de bienes duraderos para uso civil, la producción puede incluso cesar por completo [...] Las plantas existentes se convierten a la producción de guerra». Las consecuencias: «La conversión de fábricas de guerra en producción para la paz», lo que implica la demolición de muchas plantas. «Creo que son salidas de inversión capaces de absorber grandes cantidades de excedentes durante muchos años seguidos».

por el de destrucción. El «consumo superfluo» (para una minoría de la población mundial) y la producción de armamento son síntomas de un fenómeno más general. En las condiciones de la producción capitalista en las que el uso y la explotación de los recursos humanos y no humanos no cesan de aumentar, la destrucción de las fuerzas productivas no es solo un síntoma del desarrollo de la crisis, como siempre ha sido el caso en el capitalismo, sino también, y sobre todo, un signo de la destrucción de las condiciones de existencia de la especie humana.

<126>

Las consecuencias del paso del despilfarro a la destrucción son enormes: la acción política debe expresar no solo el rechazo de la explotación y la dominación, sino también la voluntad de no ser cómplice del proceso general de destrucción de las condiciones de vida de la humanidad. Es decir, la convicción que ha sostenido las luchas del proletariado durante dos siglos: nuestra revolución y nuestros derechos están legitimados por el hecho de que producimos y reproducimos el mundo. El proletariado, como fuerza de trabajo del capital, como subordinado a sus diferentes funciones productivas y reproductivas, destruye el mundo al mismo tiempo que lo produce. Bajo el dominio de la propiedad privada, producción y destrucción se han vuelto indistinguibles. El descubrimiento de la energía atómica es el resultado del desarrollo de las fuerzas productivas, de la creatividad del *General Intellect*, que vuelve vano para siempre el «orgullo de los productores» porque se convierte inmediatamente en una bomba, en una fuerza capaz de destruir a la humanidad.

Entre la filosofía del ser como potencia infinita y del hombre como una de las manifestaciones de este absoluto, desarrollada entre el Renacimiento y el siglo XVII, y su redescubrimiento hoy como antídoto contra la crisis del proyecto de emancipación podado por el marxismo, convendría intercalar a Gunther Anders, que disipa muchas ilusiones ingenuas:

> Si en la conciencia del hombre actual hay algo que se considera absoluto o infinito, ya no es el poder de Dios, tampoco el poder de la naturaleza, por no hablar de los

supuestos poderes de la moral o la cultura, sino nuestro poder. En lugar de la *creatio ex nihilo*, que manifiesta omnipotencia, ha aparecido su contrapoder: la *potestas annihilations*, la *reductio ad nihil*; un poder que está en nuestra propia mano. [...] Dado que poseemos el poder de ponernos fin unos a otros, somos los señores del apocalipsis. Lo infinito somos nosotros.

El proletariado, como fuerza de trabajo productiva y reproductiva del capital y del Estado, participa de este *poder de aniquilación*. Si no rompe esta subordinación, también queda incluido dentro de los señores del apocalipsis: se engaña a sí mismo creyendo que está produciendo el ser, mientras que, en realidad, lo está destruyendo.

<127>

Según una moda spinozista que pretende recuperar el orgullo de los productores socialistas a través de la ontología, «somos en la sustancia de Dios» (del ser, del mundo, de la naturaleza). «Pero lo más maravilloso es que cada día creamos a Dios» (al ser, al mundo, a la naturaleza), creamos «un nuevo ser, algo que, a diferencia de nosotros, nunca morirá». Seguramente este orgullo tenía algo de cierto en el siglo XVII, pero hoy estamos demoliendo a diario a Dios (al ser, al mundo, a la naturaleza), todos juntos, amorosamente inconscientes, solo por producirlo.

Deuda, consumo y subjetividad

«Entrábamos en el peor periodo del deseo y la execración de las cosas, el apogeo del gesto consumista, que sin embargo realizamos [...] como un sacrificio, como un deber de gasto ofrecido, no sabemos a qué dios, resignándonos a "hacer algo por Navidad", previendo la decoración del árbol y el menú del almuerzo».

Annie Ernaux

La reorganización de la economía a partir de la deuda/crédito requiere una subjetividad adaptada a este nuevo modo de acumulación e implica comportamientos muy diferentes de los que imponía el capitalismo primitivo (siglo XIX).

Jacques Lacan, en los años 70, desarrolló un concepto de subjetividad capitalista, ya no basado en el ascetismo calvinista (el trabajo como sacrificio y el ahorro) sino en el goce, definido como *plus de jouissance* con clara referencia a la teoría marxiana de la plusvalía. La estructura de la subjetividad contemporánea sería homóloga al funcionamiento de la economía: a una producción infinita de plusvalía correspondería una producción infinita de subjetividad, de deseo, un plus de goce. El deseo exige que el sujeto no se fije en una mercancía, sino que pase constantemente de una mercancía a otra, porque la satisfacción siempre es diferida, de modo que, en lugar de satisfacer al sujeto, el consumo reproduce la carencia. La oferta infinita de mercancías requiere un deseo y una carencia igualmente infinitos.

El capitalismo ya no parece imponer ningún límite: el sujeto es una máquina de goce que implica la ausencia de ley, la ausencia de padre, la ausencia de destitución, de lo imposible, de la culpabilidad. En el capitalismo de deuda, todo se vuelve posible.

Los problemas que plantea esta nueva concepción del sujeto son cruelmente puestos de relieve por un texto de Walter Benjamin de 1921 («El capitalismo como religión») a través del cual podemos captar la cara «subjetiva» de la acción de consumo/deuda, que completa la función «objetiva» puesta de relieve por Sweezy, y constituye una crítica *ante-litteram* de la posición de Lacan, que no capta la relación que el «más goce» tiene con el crédito/deuda, y la acción inductora de culpabilidad que esta tiene sobre la subjetividad.

La discrepancia de Benjamin con el psicoanalista francés es grande: el capitalismo es una religión «a la vez inductora de culpa e inductora de deuda [...] El capitalismo es, presumiblemente, el primer caso de un culto que no expía la culpa, sino que la engendra».

Deuda y consumo son los pilares sobre los que se funda la transformación antropológica de la subjetividad que opera el capitalismo contemporáneo (en el Norte del planeta). Lo que parece más eficaz del modelo *emprendedor de sí mismo* es la «religión» de la que habla Benjamin, al

<128>

mismo tiempo «endeudadora y culpabilizante», basada en la forma más abstracta del dinero: el crédito. Pero el crédito es fundamentalmente crédito para el consumo (de los individuos, de las empresas, de los Estados), la religión es una religión de consumo, sus ritos se llevan a cabo comprando y consumiendo bienes de todo tipo. El capitalismo del siglo XX, primero en Estados Unidos donde el proceso ya había comenzado en la década de 1920, desplazó el eje principal de su acción, al menos en Occidente, del trabajo (esfuerzo, sacrificio, dolor) al consumo (placer, deseo y gratificación sin esfuerzo, sin sacrificio, sin dolor).

La fuerza de sometimiento de esta religión radica en ser <129> un culto, una praxis, un comportamiento, es decir, una religión sin dogmas y sin teología, como sugiere Benjamin. En realidad, una idolatría más que una religión. Estamos inmersos, las 24 horas del día, en palabras, imágenes, símbolos, prácticas de consumo. En la Edad Media, cada momento de la vida expresaba una relación con Dios, hoy cada aspecto de nuestro cotidiano (comer, vestirse, dormir, lavarse, vivir, amar, etc.) se corresponde con una mercancía y una publicidad que nos interpela, que nos agrede, que —martilleante— nos acompaña incluso cuando dormimos: las mercancías y la publicidad forman parte de nuestro inconsciente.

El consumo se adapta perfectamente al culto de la religión benjaminiana que no conoce el descanso, que no tiene límites temporales, que eliminó los días festivos, porque es en sí mismo una celebración continua. El capitalismo del consumo libró una larga batalla —que ganó— contra el domingo, día en el que el curso ordinario de la vida debería ser interrumpido abriéndose a lo que excede (tradicionalmente lo sagrado). Al hacer que el domingo pierda todo carácter sagrado, volvió sagrado lo que antes era profano, en primer lugar la mercancía. Todo funciona las 24 horas del día, los 7 días de la semana, la televisión y su publicidad, pero también los negocios, la venta *online*, los supermercados, auténticos templos donde el consumidor ejerce su idolatría, precisamente porque es una religión solo de culto, sin teología, sin dogmas.

El trabajo, aunque se diga que corresponde al tiempo de la vida, nunca puede tener la presencia invasiva del consumo. Solo en este sentido podemos hablar de una experiencia global, totalizante, porque el consumo entra en los comportamientos más cotidianos, más banales, pero también los más íntimos. No hay gesto que no esté acompañado y, por tanto, moldeado por una mercancía. El trabajo, incluso explotado, sigue siendo cooperación, acción colectiva, «comunidad», mientras que el consumo es individualismo y narcisismo llevados al paroxismo.

<130>

El consumo es el punto de inflexión ético-estético del capitalismo porque promete la realización de sí. Las mercancías son las herramientas de su producción (estilo de vida, formas de vida, artes de la existencia, vida como obra de arte). Si hay un poder pastoral que guía las «almas» y transforma los cuerpos, debemos buscarlo aquí. En su centro está el cuerpo de la mujer, como mercancía absoluta.

El capitalismo endeudante, a diferencia de las religiones históricas, no «salva», es decir, no extingue la deuda, sino que la amplía volviéndola infinita y reproduciendo sin cesar la culpa: la deuda y la culpa se vuelven inextinguibles. El culto al consumo a través de la deuda no expía la culpa, sino que la vuelve «universal, para atrincherarla en la conciencia».

Benjamin capta perfectamente el lado negativo, el poder destructivo de la deuda, la fuerza demoledora de la sociedad y la subjetividad. El crédito se convierte inevitablemente en deuda, la subjetividad, sin límites y sin culpa, vuelve a convertirse en subjetividad responsable de la deuda, a la que se imponen límites, mandatos, órdenes, sacrificios de todo tipo (hasta la miseria y la pobreza). La religión de la deuda no solo destruye la subjetividad, sino que también desespera al mundo, «ya no es la reforma del ser, sino su fragmentación».

La religión del capitalismo endeudante produce un doble círculo vicioso, tanto objetivo como subjetivo. Desde el punto de vista objetivo el crédito permite al capitalismo monopolista no implosionar, actuando contra su tendencia al estancamiento; pero la propia expansión del crédito lo hace inestable y frágil. De hecho su continuo aumento desencadenará crisis repetidas que culminan en el colapso financiero provocado por la deuda hipotecaria *subprime* en 2008. Para tapar el agujero financiero se introducen montañas de otro dinero crediticio (*quantitative easing*), que permite sobrevivir al capitalismo, pero lo hace aún más frágil e inestable, en un círculo vicioso sin salida, salvo la guerra entre Estados, que llega puntualmente tras una crisis de deuda privada, transformándola en crisis de deuda pública.

El círculo vicioso subjetivo corre paralelo al primero y desemboca siempre en la guerra: el capitalismo endeudante debe producir continuamente nuevas necesidades y nuevos deseos, pero también siempre nuevas carencias para reactivar y ampliar continuamente la demanda (consumo) de mercancías, para mantener el sistema en tensión permanente, condición indispensable, pero no suficiente, para no caer en el estancamiento. El imperativo del goce produce frustración, resentimiento, vacío, nihilismo, miedo, porque el sujeto ve rápidamente que esta aceleración consumista, girando en círculos sobre sí misma, no conduce a ninguna parte, salvo a una prisión donde el yo se refleja en miles de espejos que dan siempre la misma imagen: sí mismo, la miseria de sí, del individualismo posesivo. El resultado de este proceso es el devenir fascista de la subjetividad que no cae como un rayo en cielo sereno. Es el fruto de una larga exposición al consumismo y a su lógica: la indiferencia ante todo lo que no concierne al yo (actitud ejemplarmente manifestada por el occidental ante el genocidio en curso) es la in-diferencia contenida en las mercancías. No es tal o cual mercancía lo que cuenta, sino la compra de lo siempre nuevo, el acto de consumo, el sentirse propietario, aunque sea de bagatelas. Como casi todos los teóricos de su época, Lacan está muy lejos de poder leer en el consumo y el goce su evolución hacia la guerra entre Estados y hacia la guerra civil.

<131>

Detrás de la indiferencia, sin embargo, se esconde otra cosa, el egoísmo y el miedo de quienes se sienten destinados a perder los privilegios del hombre occidental. Este punto de vista, encontrado en un chat sobre la guerra en Ucrania y el genocidio en Gaza, expresa bien un sentimiento generalizado, una microestética fascista, quizá ni siquiera consciente en la mayoría de los casos, de los «pacíficos» ciudadanos occidentales.

Nunca creeré en una paz general y duradera, y si somos 8.000 millones en la Tierra y los recursos ya escasean, es matemáticamente imposible extender la prosperidad y maximizarla. Y siempre en lo concreto y sin hipocresía, siempre espero que haya más de mi parte [...] muy sencillo: quiero las tierras raras (que son escasas) para implementar nuestra tecnología y en consecuencia mejorar aún más nuestra forma de vida; quiero agua, gas para ducharme a la hora que yo quiera, como ahora, y tengo miedo de que si todos los recursos que tengo ahora los tengo que compartir con otro entonces haya menos para mí [...] quiero seguir teniendo más que los demás. Y si necesito que la guerra siga así, que siga la guerra [...] Mis impuestos también sirven para financiar la construcción de armas para que yo pueda seguir estando en el lado rico del mundo. Yo no tengo que luchar, hay profesionales que lo hacen por mí, y me parece bien [...] No quiero que cambie nada, al menos para mí, pero también por mi culpa.

<132>

Es evidente que esta religión del consumo que esclaviza al occidental anónimo que acabamos de citar fascina también a quienes, en el Sur del mundo, no participan de ella. Si las mercancías circulan en función de la renta disponible, las imágenes del «bienestar» occidental lo hacen de forma interclasista (todos tienen acceso prácticamente a las mismas imágenes, ricos o pobres), trayendo consigo el sueño envenenado de la mercancía. En realidad, el Sur global está completamente dentro de esta religión sin aprovecharse de ella, porque la expropiación de sus recursos humanos y no humanos es su condición. Desde los años '80, han sufrido las políticas de ajuste estructural debido a la deuda, beneficiándose solo mínimamente de los privilegios de esta religión.

Cuando la captura de recursos amenaza con hacerse más difícil, cuando amenaza con agotarse, cuando ya no beneficia al Norte, sus Estados, como siempre, desatan la guerra y se extiende el sentimiento y el pensamiento fascista, que encontramos cristalizado en el gran miedo de los occidentales a perder su parte del botín imperialista.

Con el capitalismo contemporáneo vivimos en una gran esquizofrenia porque se elimina el reembolso del crédito obtenido, aunque todo el sistema se base en el pago de los intereses de la deuda: por un lado, la deuda es lo que impulsaba al sujeto a consumir sin freno, quitándole todo sentido de culpa, toda responsabilidad. Pero, por otro lado, tras un periodo de euforia (las décadas de 1980/1990), tras una época de excitación alimentada por una oferta de crédito que parecía volverlo todo posible, llega puntualmente el imperativo del reembolso, y con él el sentimiento de culpa. Pueblos enteros son considerados responsables de la crisis financiera por no respetar la norma que establece la prioridad de los acreedores sobre los deudores.

El capitalismo empuja al endeudamiento masivo (en realidad obliga porque recorta salarios y reduce el *welfare* y la deuda sigue siendo el acceso obligatorio a la riqueza) y posteriormente tiene que pagar esta obligación con intereses, tanto a nivel individual como social.

<133>

El consumo hace desaparecer la producción de dos maneras diferentes: no sabemos nada de cómo ni dónde fueron producidas las mercancías porque la contrarrevolución se basa en la producción de mercancías a bajo costo, resultado del trabajo servil, mal pagado y expropiado de los trabajadores del Sur global. El supermercado es la repetición continua de la milagrosa desaparición del trabajo y de la igualmente milagrosa aparición de las mercancías. La gran victoria lograda por el capitalismo contra el salario la obtuvo el binomio consumo/crédito.

En el Panteón de los dioses del capital, el consumidor ocupa un lugar destacado. Como modelo de «subjetivación» es ciertamente más eficaz que la del empresario de sí que, a pesar de todo, sigue sufriendo la ética «calvinista» y «protestante» del rendimiento, el esfuerzo y el sacrificio.

Consumo, individuación y expropiación

El papel estratégico del proceso *de individualización* operado por el consumo puede analizarse de una manera radicalmente diferente dependiendo de si se adoptan herramientas marxistas o foucaultianas. El filósofo francés captaría en el consumo el proceso de *diferenciación normalizadora* de los individuos, y limitaría su poder a la producción de su subyugación diferencial y normalizante. Marx, en cambio, pondría el énfasis no en *la diferencia*, sino en la *división* que atraviesa al individuo y a la sociedad. La división en Marx —y este es el punto central— *siempre implica una expropiación violenta*: la expropiación del producto en la producción por parte del capitalista es también, simultáneamente, una expropiación del consumo y de la capacidad «comunitaria» de consumir que primero fue destruida, luego capturada y finalmente por completo reconfigurada por el capital-Estado, que la impone sucesivamente a los individuos ahora aislados. Se trata de una diferenciación normalizadora del consumo y de los consumidores, pero que, a diferencia de Foucault, es inseparable de la expropiación violenta llevada a cabo por los «expropiadores», no solo de los medios de producción, sino también de los medios de consumo.

<134>

La expropiación del consumo es también la expropiación de la gestión de la *reproducción,* que pasa del proletariado, principalmente femenino, de sus formas de vida autónomas, al capital que sitúa en su centro la condena de las mujeres al trabajo doméstico en familias mononucleares. Sin este trabajo gratuito en todo momento, el consumo y la reproducción costarían cantidades prohibitivas para los beneficios del capital.

En el capitalismo el principal problema parece ser la división, más que la diferencia, o la diferencia entendida como división, es decir, una diferencia polarizadora, el «dos» de las diferencias de ingresos, activos y poder. Las diferencias sobre las que trabaja el capitalismo (de ingresos, de propiedad, de estatus, etc.) son todas divisiones que no producen exclusión (Foucault, Agamben, etc.), sino expropiaciones, capturas, explotación de los seres y de las cosas.

Siempre usando instrumentos marxistas, se puede considerar a la división y a la expropiación el fundamento, no solo del poder, sino de la lucha de clases y de la revolución entendidas como subjetivación colectiva. La diferenciación foucaultiana, precisamente porque no prevé ni división ni expropiación de clases, se centra en cambio en la forma de pasar de las diferencias normalizantes a la subjetivación ético-estética de las formas de vida. Marx, por el contrario, piensa en la necesidad de la ruptura y el desbaratamiento de la división impuesta por el capital; ¡y también la expropiación de los expropiadores como un prerrequisito y condición de la relación con uno mismo! Son dos concepciones radicalmente diferentes de poder y de subjetivación.

Lo abstracto y universal (todos pueden consumir todo) contra lo singular y concreto del consumidor (el consumo depende de los ingresos y de la posibilidad de acceso al crédito) que divide al individuo proletario vienen chocando de manera cada vez más evidente y violenta desde la crisis financiera. Que toda revuelta implica siempre el saqueo y la apropiación de mercancías lo confirma aún más la lucha de clases de los *banlieues* franceses. La revuelta es la consecuencia lógica y racional de la forma milagrosa de su aparición en la realidad y en las imágenes (publicidad): si la aparición de las mercancías es milagrosa porque no muestra el trabajo que la produjo, si la mercancía es la promesa salvadora del capitalismo, la apropiación debe ser igualmente milagrosa, gratuita.

<135>

La democracia y su exportación

El consumo no se limita a construir y moldear al individuo, sino que también reconfigura la democracia constitucional. Este es el modelo que Occidente quisiera imponer al mundo entero, para obtener el mismo consenso y la misma integración que ha logrado imponer al proletariado de los países del Norte. El imperialismo del dólar no solo se caracteriza por la exportación de capitales, como el viejo imperialismo, sino también por la exportación de formas políticas del capitalismo estadounidense al resto del mundo. La exportación de su «democracia» tendrá éxito, sin embargo, solo en Europa y en Japón, pero fracasará estrepitosamente en el Sur global, precisamente a causa del consumo.

La democracia de exportación se desarrollará a partir de una «república» que no nació democrática, sino que fue resultado de la guerra civil contra los ingleses y de la conquista de tierras «libres» (la célebre *frontiera* del Oeste), del genocidio de los indígenas que allí vivían y del trabajo gratuito de los africanos esclavizados. Ya en la primera mitad del siglo XX, las instituciones republicanas estaban sustentadas por una democracia de un tipo particular que solo el capitalismo podía producir: en paralelo al *New Deal* y a la creación del *Welfare*, emerge una «democracia social» fundada sobre la «sociedad del bienestar», es decir, sobre la mercancía y el consumo.

La nueva democracia solo se desarrollará plenamente después de la Segunda Guerra Mundial, sustentándose más en sus fuerzas económicas que en realidades institucionales. En el capitalismo maduro y estancado, el consenso se basa en la mercancía, en su consumo individual, controlado por la empresa, y en el consumo socializado, «público», gestionado por el Estado (*Welfare*). Solo secundariamente el consenso se basa en el voto y la participación política y sindical. A partir de los años setenta, la contrarrevolución prefirió este sistema «político» a la democracia del *New Deal*, es decir, a la democracia del compromiso capital/trabajo.

<136>

Alexis de Tocqueville, anticipándose a nuestro presente, traza un esbozo muy realista del «despotismo que deben temer las naciones democráticas». El despotismo democrático, la producción del «ciudadano» y su dócil consenso solo son, sin embargo, comprensibles a partir de la acción del consumo sobre la subjetividad y la democracia.

El Estado del *Welfare* y el Estado de los partidos europeos de los Treinta Gloriosos están atrapados por una pinza doble de origen estadounidense: al desarrollo de un poder «absoluto, minucioso, regular, previsor y benigno», (descrito por Tocqueville en *La democracia en América*, del que solo podemos dar cuenta a través del consumo, y que a través de la privatización del *Welfare* es capaz de transformar también los servicios sociales de consumo «público» en consumo privado e individual) corresponde una centralización monetaria y financiera que regula y *controla el consumo privado y público ya no a partir de los salarios, sino de la deuda individual y soberana* (de los Estados).

Los dispositivos de control y producción de subjetividad son múltiples, pero la especificidad del capitalismo maduro es lograr *la libertad y la igualdad* a través de la circulación de mercancías. Alexis de Tocqueville había visto surgir de la democracia estadounidense un «poder inmenso y tutelar» que, sin embargo, escapa a las categorías de «tiranía y despotismo» porque garantiza «a una multitud innumerable de hombres similares e iguales... el disfrute de los bienes», seduciéndolos y condenándolos «irrevocablemente a la infancia».

¿Qué puede garantizar que «los ciudadanos gocen con tal de que solo piensen en gozar» sino el consumo, algo que Tocqueville, en su época, difícilmente habría podido prever? El poder inherente a la circulación de mercancías corresponde perfectamente al poder descrito por el liberal francés: «trabajar con gusto para su felicidad, de la que quiere ser su único agente y solo árbitro [...] ¿no puede quitarles por entero la dificultad de pensar y la pena de vivir?». <137>

El consumo, invasivo, penetrante, que acompaña cada gesto, cada comportamiento, cada deseo, no se ejerce sobre el «ciudadano» abstracto, sino sobre el cuerpo del «proletario» real, sobre sus necesidades biológicas, pero también sobre sus deseos más personales. El cuerpo proletario deseante es su objeto, en contraste con el cuerpo obrero proletario de la fuerza de trabajo. El cuerpo siempre está en el centro de la explotación, pero ahora es el cuerpo que no trabaja, el cuerpo afectivo, el cuerpo «gozador».

El consumo, los consumidores, las técnicas de marketing y publicidad que se han vuelto obsesivamente omnipresentes, corresponden perfectamente a una democracia capaz de producir una «servidumbre bien ordenada, fácil y tranquila», que puede combinarse con «alguna forma exterior de libertad», y que encuentra en el individualismo su fundamento:

> Cada uno de ellos, retirado aparte, es como un extraño al destino de los demás, y sus hijos y amigos particulares componen para él toda la especie humana. En lo que respecta a sus conciudadanos, se halla al lado de ellos, pero no los ve; los toca, pero no los siente; no existe más que en sí mismo y para sí mismo.

El despotismo que Tocqueville vio emerger de la democracia estadounidense se realiza concretamente con el individualismo posesivo de la subjetividad consumista, que ya contiene todas las semillas de su devenir fascista y del consentimiento que dará a las guerras y guerras civiles que salvaguardan el *way of life* occidental.

El proceso de individualización liderado por el consumo y el endeudamiento puede entenderse a partir de Carl Schmitt, quien analiza la tendencia del Estado —desde la constitución del Estado absoluto— a crear una situación en la que *el individuo y el Estado* se encuentran cara a cara, sin mediación. Esta situación ideal se materializa en la Revolución francesa, que el jurista alemán describe basándose en la obra de Condorcet: no existen ya, dentro del Estado,

<138>

> grupos y clases potentes, las asociaciones poderosas han desaparecido. Mientras existieron, era necesario un dispositivo armado para mantenerlos subyugados, pero ahora que el individuo aislado por la igualdad general se encuentra frente a la totalidad unitaria del Estado, se necesita un gasto menor de medios coercitivos para reducirlo a la obediencia.

Está claro que, con la llegada del capitalismo, esta individualización (y la igualdad que la hace posible) puede ser continuada y plenamente realizada por una fuerza que ya no es institucional, sino por el consumo lo que coloca, sin mediación alguna, al individuo de frente, no solo al Estado, sino también al capital. El consumo es el dispositivo de individualización más eficaz y casi nunca se lo investiga desde esta perspectiva.

Los socialdemócratas y reformistas lamentan la desaparición de los organismos intermedios (sindicatos de trabajadores, sindicatos de empresarios, asociaciones de comerciantes, etc.) que les gustaría resucitar, cuando en realidad se trata de un objetivo estratégico inalienable del capitalismo: tan pronto como las relaciones de fuerza lo permiten, elimina la «sociedad civil». Foucault piensa, en cambio, que este último es inseparable del *homo oeconomicus*. La sociedad civil garantizaría un vínculo social no económico, una especie de pacto social espontáneo dentro del cual la economía encuentra su lugar. Me parece más verosímil la posición de Schmitt, según la cual el ideal del capital y del Estado, no es tener una sociedad civil que funcione como mediación —es decir, «grupos, clases y asociaciones poderosas» a la que el individuo se suma y confía— sino abordar el individuo directamente. Desde este punto de vista, la contrarrevolución encarnada en el consumo/deuda es un gran éxito porque logró hacer estallar todo tipo de mediación, por lo que la sociedad (civil) no existe, existen solo los individuos.

La naturaleza del poder de consumo

El consumo también puede decirnos muchas cosas sobre la naturaleza de su poder analizadas unilateralmente por Pasolini, Baudrillard y Lacan.

<139>

Desde un análisis superficial parece confirmar las hipótesis de Lacan. El consumo es el ejemplo mismo de un poder que no reprime, que nunca dice «no», sino que se complace, insta, incita, diciendo siempre «sí» (también Foucault va en esta dirección, eliminando prácticamente el concepto de «represión», la acción negativa del poder queda oscurecida por su acción positiva). Un poder que impulsa el disfrute en lugar de exigir el ascetismo del sacrificio. El poder *positivo* del consumo parece compensar y sublimar el poder *negativo* de las centralizaciones «soberanas» y la explosión de las diferencias polarizantes de clase, sexo y raza. El modelo que realiza plenamente la subjetivación del consumidor es el turista que se afirma definitivamente como modelo de subjetividad capitalista contemporánea en la contrarrevolución, cuando la industria turística se convierte en una de las más importantes.

La plena realización de lo positivo, sin embargo, desencadena una máquina de aniquilación sin precedentes: el turista, consumidor absolutamente desterritorializado, sacrificando su propia subjetividad al culto del consumo, destruye las relaciones sociales, económicas, culturales y lingüísticas de las ciudades y de los lugares por donde circula, haciendo *tabula rasa* del entorno por el que pasa (ecológico, cultural, social, etc.). La positividad de su acción transforma en nihilismo todo lo que toca: el turismo es el ápice de la identidad de producción y destrucción del capitalismo contemporáneo.

Pero para comprender el poder del consumo, y del poder en general, es necesario analizar la naturaleza de la deuda, su condición y sus presupuestos. Y aquí emergen todos los límites del psicoanálisis lacaniano, tanto como las críticas a la represión de Foucault, porque entre ambos ignoran prácticamente todo del funcionamiento del capitalismo. La deuda es un poder *positivo* que empuja a los individuos, a las empresas y a los Estados a gastar, pero es también, y sobre todo, un terrible poder *negativo* que desde la década de 1970 siembra muerte y violencia en el planeta mediante las «políticas de austeridad» y de «ajustes estructurales» impuestas por instituciones financieras internacionales que han aniquilado economías, sistemas de protección, derechos sociales y políticos, primero en los países africanos, luego en América Latina, luego en el Sudeste Asiático, para finalmente llegar a Europa (Grecia). Su fuerza negativa es tal que la crisis de la deuda *subprime* exportada a todo el mundo por los Estados Unidos, que se convirtió en una crisis de deuda soberana, abrió la fase de las guerras en curso. La deuda ejerce un poder de vida y de muerte sobre las poblaciones del mundo, ¡otra que un medio para disfrutar! Eso está reservado para una mínima parte de la humanidad (el psicoanálisis es terriblemente eurocéntrico: ¡cree tener un valor universal cuando se dirige fundamentalmente al hombre-varón-blanco!).

<140>

El eurocentrismo es una falla de fábrica de nuestras teorías y afecta también a la forma de entender la democracia, concebida como patrimonio de Occidente, construido en oposición a los sistemas de los pueblos «bárbaros», a los que esta se les debe imponer junto con el capitalismo. La ideología colonial de civilización que hay que enseñar a los salvajes se ha transformado en un choque de civilizaciones en el que la democracia debe ser exportada.

Esta última no puede analizarse aisladamente, como forma institucional, de gobierno, como derecho a la autofecundación, porque el desarrollo de los sistemas políticos europeos siempre debe ponerse en relación con el *Nomos* de la tierra que los hizo posibles, es decir, con la constitución del mercado mundial y sus divisiones planetarias, de la misma manera que no es posible reducir la producción y la explotación a las fábricas del Norte, como tiende a hacer el marxismo occidental e incluso el obrerismo italiano; el punto de vista obrero no puede abarcar la totalidad de la explotación y del poder, y no porque carezca de una teoría del Estado, sino porque el racismo, el sexismo, el trabajo servil, la esclavitud son tan necesarios como el trabajo asalariado. La división económica entre el Norte (trabajo asalariado) y el Sur (trabajo servil y esclavo) se duplica por una división política.

Es porque en el Nuevo Mundo había «tierras libres» («libres» de derechos de propiedad porque estaban «deshabitadas» —como ayer y hoy Palestina para los sionistas—, objeto de apropiación por parte de los Estados europeos mediante una violencia sin límites, sin derechos, sin leyes) que fue posible desarrollar relaciones entre los Estados europeos basadas en constituciones, derechos, principios, primero constitucionales y luego también democráticos. La democracia de unos pocos europeos presuponía la no democracia de muchos no blancos (así como el bienestar de los primeros presupone la miseria de los segundos) y su exportación es lógica y políticamente imposible: solo puede lograrse mediante el internacionalismo revolucionario.

<141>

Si la democracia institucional ya dependía del *Nomos* del mercado mundial, más aún la evolución de la democracia de consumo/deuda, que es la democracia propia del capitalismo, estrechamente ligada a sus contradicciones.

El eurocentrismo (de Lacan, de Foucault, así como de toda la cultura europea, podríamos remontarnos a Hobbes, a Spinoza, etc.) analiza el poder como si su ejercicio en el Sur del mundo no tuviera nada que ver con su naturaleza, no debiera desempeñar ningún papel en su funcionamiento. El genocidio en Palestina nos dice que es imposible describir el poder occidental sin incluir la violencia absoluta que ha ejercido sin interrupción durante cinco siglos, sin el sadismo feroz, la humillación, el placer de infligir dolor, el sufrimiento gratuito, los abusos que vemos comprometidos todos los días (hay cientos de videos que circulan en las redes sociales), siempre y solo contra los civiles, «el ejército más moral del mundo». Este poder absoluto, el odio racista que lo atraviesa, el supremacismo blanco que lo legitima, es tan consustancial con los sistemas políticos occidentales que puede reproducirse fácilmente sin plantear ningún problema ni a las democracias ni a la mayoría de sus ciudadanos, porque su violencia se fue convirtiendo, durante siglos, en un hábito banal.

<142>

Reducir el poder a «acción sobre una acción» (Foucault), al gobierno de las pasiones, a la integración de los afectos, a la gestión de los deseos, no solo es parcial, sino también peligroso, porque la violencia absoluta que siempre ha acompañado a este ejercicio pacificado ha comenzado a volver de las colonias, donde hacía estragos, hacia el centro. Este retorno, que en el siglo XX tomó el nombre de Hitler, sigue amenazando no solo a Gaza, sino que está a punto de estallar también en nuestros distritos ordenados, ricos, pacíficos y muy civilizados.

En la nueva democracia de la «circulación» de mercancías, de imágenes, de información, los trabajadores y la producción desaparecen, después de un breve periodo, menos de treinta años, en los que habían funcionado como idea reguladora de la política. La democracia de partidos y el compromiso capital-trabajo son fácilmente derrotados por el imperialismo combinado del dólar, la deuda y la democracia de circulación y consumo.

La democracia actual, la despolitización de la democracia de clases y de partidos que existió durante un periodo muy corto (1945-1968 en Europa), ya no tiene mucho sentido político y es justamente ignorada por los votantes (vía abstención), conscientes de que las *decisiones* están centralizadas en otros lugares (en el cuadrilátero Fed, Wall Street, Pentágono, monopolios/oligopolios) y que la *participación* se reduce al consumo de bienes, imágenes e información.

La democracia social no está fundada en un pacto político (Hobbes, Rousseau, etc., del que forma parte, también, el compromiso capital-trabajo), sino, para decirlo sucintamente, en el carrito de la compra. Es la razón principal del fracaso de exportar la democracia a los países del Sur. Los estadounidenses no pueden garantizar este modelo específico de democracia social (cuesta demasiado) y, además, la expoliación del Sur global sigue siendo la condición de la *affluent society*.

La democracia institucional puede deteriorarse (limitarse solo a votar, lo que inmediatamente hizo inútil el lema «un voto, una persona»), los ritos democráticos perder sentido (por qué y por quién votar cuando los partidos no presentan diferencias sustanciales), los neofascistas se pueden integrar en las instituciones y, por tanto, desaparecer la base sobre la que nacieron las democracias después de la guerra, el oxímoron del soberano democrático (el presidencialismo) puede ahora imponerse en todos los países, *la democracia del consumidor, precisamente porque no es institucional, no viene afectada en lo más mínimo*: para el ciudadano-consumidor, la inflación de beneficios que está causando es mucho más importante. Si el consenso no ha sido retirado completamente de la máquina Estado-Capital es porque la democracia de la mercancía aún no ha entrado en una crisis sin retorno. A pesar de que la «democracia progresista» se transformó, durante la hegemonía del capital financiero, en una oligarquía, la legitimidad global del sistema político resiste a través de la «libertad y la igualdad» aseguradas, en el Norte, por la circulación de las mercancías.

<143>

Centralización de la democracia

La democracia de los países occidentales siempre ha dependido del funcionamiento del mercado mundial y de las relaciones de poder que allí se establecen.

El fin de la mediación, el desencadenamiento de la contrarrevolución contra el compromiso capital/trabajo de posguerra, la explosión de la guerra, corresponde a una mayor centralización del poder económico y político.

Durante la gubernamentalidad neoliberal, las prácticas gubernamentales del ejecutivo desbordan lo jurídico, sus procedimientos y sus leyes, organizando la centralización de las burocracias de los distintos Estados, por lo que hay un refuerzo mutuo del poder ejecutivo y del Estado administrativo.

La soberanía se vuelve una con el gobierno, *en el sentido de que el gobierno se vuelve soberano*, el ejecutivo va constantemente más allá del legislativo emitiendo reglamentos, leyes, medidas administrativas que ya no pasan por el parlamento. La necesidad de tener un «rey» dentro de la democracia es inherente a toda constitución democrática porque todas evolucionan, sin excepción, hacia el presidencialismo. La práctica política ya no está enmarcada y regulada por leyes generales, sino que actúa *ad hoc*, sobre el caso particular, dictando cada vez medidas administrativas (y sobre todo policiales) específicas.

<144>

Es el tiempo de *la decisión* y no de *la ley*, y quien decide es la política determinada por la acción de la máquina Estado-Capital que silencia el Estado de derecho y debilita las formas liberales y neoliberales de gobierno (la biopolítica). Es tiempo de decisión, porque bajo la fina capa de democracia y Estado de derecho fluye —aún más amenazadora después de la crisis de 2008— la guerra civil.

No hay contradicción entre descentralización y concentración de poder, entre lo local y lo global, entre *governance* y soberanía. Deleuze y Foucault, por otra parte, insisten en lo local, en la difusión y multiplicidad de los centros de poder, una cartografía que remite al neoliberalismo y su gubernamentalidad. Deleuze reivindica un ejercicio de poder que analiza completamente *el funcionamiento del imperialismo y sus tres procesos de centralización económica, política y militar*. En primer lugar, desde el punto de vista del filósofo francés, el poder nunca es global, sino siempre local, su ejercicio «tiene dos sentidos muy diferentes: el poder es local puesto que nunca es global, pero no es local o localizable puesto que es difuso». En segundo lugar, el poder no opera centralizaciones: «El poder tiene como características la inmanencia de su cuerpo, sin unificación trascendente, sin una centralización global». Hace de la gestión «local» y «difusa» la forma del poder contribuyendo a las ilusiones de los movimientos contemporáneos que no ven más la forma general del poder, ni siquiera cuando estalla la guerra, la guerra civil y el fascismo. La «continuidad de sus segmentos» (escuela, fábrica, prisión, ejército, etc.) no produciría una «totalización distinta» según el filósofo.

La crítica a la soberanía, a la totalización, a la globalización en la era del imperialismo es uno de los principales contrasentidos del *Nacimiento de la biopolítica*, de Michel Foucault, reproducido aquí por Deleuze, porque el capital y el Estado tienden continuamente a centralizarse, a globalizarse, a unificarse, concentrando el poder en unas pocas manos al mismo tiempo que ejerce su poder difuso en lo local, en lo micropolítico, en todo el tejido social.

Es cierto, sin embargo, que todas estas dinámicas de globalización, totalización y centralización del poder *nunca se logran plenamente; de hecho, están destinadas a fracasar.* Pero cuando estos procesos no se completan o son cuestionados o presentan fallas, el capitalismo siempre tiene la posibilidad de producir una «totalización distinta» que se llama guerra, que se llama fascismo, que se llama nazismo (incluso en el nazismo la centralización y la difusión son inseparables). Y esto es lo que viene sucediendo desde hace años.

<145>

Al fracaso de las políticas de *governance* (biopolítica) corresponde el ascenso de nuevos fascismos, de fundamentalismos religiosos. Especialmente en Estados Unidos, donde siguen hegemonizando la administración, los *think tanks*, los medios de comunicación, los partidos, propagando y organizando la guerra, llevando a las escuelas la teoría creacionista, reescribiendo la historia del racismo y la esclavitud como civilización de los salvajes, censurando libros, por lo que, como hace un siglo, prácticamente no queda nada de la democracia.[5] La guerra sancionó definitivamente el proceso: el pensamiento único de la era neoliberal parece, en comparación, un oasis de tolerancia.

El racismo una vez más, como en los tiempos de los fascismos históricos, y las políticas de la identidad nacional (que hoy se conjuga también como identidad occidental) juegan un papel central en volver compactas a las clases políticas con el fin de imponer la dirección de los Estados Unidos sobre el capitalismo global, dentro del enfrentamiento que se desarrolla al interior del mercado mundial. El

---

5 PEN América, la asociación de autores, advierte que los títulos censurados este año han aumentado un 33 por ciento, y un 40 por ciento solo en Florida.

estallido de la acumulación en las guerras y guerras civiles retorna con impresionante regularidad disfrazado de oposiciones identitarias y racistas que dibujan falsas alternativas.

Con Ucrania, Estados Unidos ha impuesto a sus aliados occidentales —y en primer lugar a Europa— un alineamiento a sus posiciones que con la guerra de Israel contra los palestinos se ha consolidado aún más. La lucha contra el antisemitismo es el grito de guerra de la movilización de las democracias occidentales, que identifica con él cualquier crítica al Estado de Israel.

<146> Francia, a la vanguardia del racismo de Estado contra los musulmanes, los migrantes, los *sans papiers*, los ciudadanos de origen no occidental, mostró en dos días el significado de la lucha contra el antisemitismo. En la manifestación convocada contra el racismo antijudío por todos los partidos, excepto *La France Insoumise,* se unieron todos los antisemitas históricos de la extrema derecha, los nostálgicos de Pétain, los racistas, los xenófobos, los islamófobos, mientras que, al día siguiente, la clase política votaba una ley de inmigración que expresa perfectamente la verdadera naturaleza del racismo institucional contemporáneo. El Senado de la República «agravó las condiciones de acceso a la reagrupación familiar»; «endureció las condiciones de acceso a los permisos de residencia por motivos familiares»; «creó nuevos motivos para la denegación de expedición o para la retirada de permisos de residencia»; «reforzó el control de la inmigración estudiantil»; «transformó la asistencia sanitaria del Estado en asistencia sanitaria exclusivamente de urgencia», privando a los *sans papiers* del acceso a la asistencia, salvo en casos de extrema gravedad; condicionó «la fruición de las prestaciones sociales de carácter no contributivo (subsidios familiares, subsidios por discapacidad, ayuda personalizada a la vivienda, etc.) a 5 años de residencia estable y regular»; restableció el «delito de estancia irregular»; «permitió a los poderes públicos oponerse a la adquisición de la ciudadanía francesa, según la ley del país, de un extranjero manifiestamente no asimilado a la comunidad francesa» y así sucesivamente, de restricción en restricción de derechos, en un contexto de afirmación de la preferencia nacional blanca.

El presidente del grupo de los «republicanos» en la Asamblea, Olivier Marleix, declaró: «El Senado endureció este texto y nuestro objetivo es seguir endureciéndolo y recordar que el alcance de esto es obviamente limitado si no hacemos cambios constitucionales». Y eso es lo que realmente se hizo. Lo que este señor quiere consagrar en la Constitución es el racismo de Estado. Esto no haría más que sancionar lo que existe desde hace décadas, Francia es el Estado de los franceses blancos.

Las democracias se alinean ahora en un estado de guerra permanente que no se perseguirá solo en política exterior. La cita del presidente de Colombia, Petro, en la apertura del capítulo, hace una síntesis inteligente y aguda de la situación: la crisis ecológica está directamente ligada a la democracia del consumo —y de la deuda, añadimos nosotros— y ambas conducen a la guerra y a la guerra civil. El choque Israel-Palestina es un momento clave de la situación porque anuncia el uso de una brutal violencia que afecta a todos, porque recaerá sobre todos. Todos somos considerados sacrificables y no solo los palestinos, objetos desechables en función de las necesidades de la acumulación de beneficios y de poder. El espectro de la gran violencia se despliega una vez más en el Sur del mundo, antes de volver al Norte de donde partió, como anunció proféticamente Emile Cesaire.

«Vamos hacia la verdadera barbarie si no cambiamos el poder», dice con razón el presidente colombiano, quien, sin embargo, no tiene los medios para hacerlo con su política, que renguea ostensiblemente solo unos meses después de su llegada al poder, porque la situación, que él describe correctamente, no deja lugar a un reformismo ilustrado.

La cuestión del poder, no de tal o cual poder (sexismo, racismo, explotación), sino del poder capitalista y del Estado en general (en sus diversas versiones, occidentales y no occidentales) sigue siendo nuestra actualidad, contra las ideologías producidas en los años '60 y '70 que nos invitaban a rehuir de las nefastas relaciones de fuerza que no implicaran directamente nuestras vidas y nuestras relaciones de poder cotidianas, en la familia, en la escuela, en el hospital,

<147>

en las relaciones amorosas y afectivas. Si no mantenemos unidos los diferentes niveles en los que se ejerce el poder, local y global, macro y micro, caemos en la impotencia.

<148>

5. ¿Qué hacer?

«Llegar a la fórmula mágica que todos buscamos. PLURA-LISMO = MONISMO pasando por todos los dualismos que son el enemigo, pero enemigo completamente necesario, el mueble que continuamente desplazamos».

Gilles Deleuze y Félix Guattari

Como ya hemos dicho, la guerra entre imperialismos es un «juego» (Lenin) entre potencias homogéneas. Lo que nos interesa es ver si dentro de esta apertura de contradicciones y antagonismos mortales entre potencias capitalistas se vislumbra una posibilidad de ruptura revolucionaria.

El genocidio que estamos viviendo es histórico. Primero Europa y luego Estados Unidos han perpetrado decenas de genocidios a partir de 1492. Este tiene la particularidad de realizarse en vivo, a la vista de todos, dentro de relaciones de fuerza que ve la gran mayoría de la población. Precisamente porque saben lo que fue la colonización y el imperialismo, son perfectamente conscientes de sus causas y objetivos.

La violencia absoluta de este acontecimiento rompe la continuidad temporal de la dominación, no solo en Gaza, sino a nivel mundial, en el sentido de que afecta profundamente las conciencias y las subjetividades. En un futuro más o menos lejano cada uno tendrá que rendir cuentas de las posiciones que ha adoptado. La acción de la resistencia palestina parece haber despertado, aunque todavía de forma embrionaria, las posibilidades de un nuevo internacionalismo ya no basado en la clase obrera, sino más global. No sería la primera vez que una lucha contra el imperialismo y el colonialismo produce procesos de subjetivación a escala global,

<149>

que recaen dentro de cada país, politizando las relaciones locales de dominación. Si el Sur global, en el que vuelve a soplar el viento de la revuelta, se alinea con los palestinos, las opiniones públicas occidentales están bajo el fuego cruzado de la propaganda de la guerra (de las guerras): salvaguardar la democracia y Occidente de los autócratas, de los fundamentalistas, de los «bárbaros».

<150>

Transformar este tímido despertar de las conciencias en un nuevo internacionalismo, capaz de integrar nuevos temas de lucha y nuevos movimientos, podría abrir espacios políticos que actualmente están completamente cerrados. Pero se tiene la impresión de que los movimientos y las teorías críticas contemporáneas, en lugar de anticipar los acontecimientos, siguen, se pierden y se aprovechan de lo que sucede, llegando siempre más tarde, cuando los bueyes de la guerra y de la guerra civil mundial ya salieron del establo. El análisis de los dispositivos de poder bloqueados en el neoliberalismo (leídos a través de la miopía de la biopolítica) no capta ni su origen (las guerras civiles en América Latina), ni sus evoluciones: el cierre de los espacios de habitabilidad puesto en marcha desde la guerra en Ucrania se ve una vez más acentuado, y esta vez definitivamente, por el conflicto en Oriente Medio.

La idea de que los movimientos pueden desarrollarse sobre sí mismos, crecer y expandirse gracias a una milagrosa y continua capacidad de «afirmación» que puede salvarlos de cualquier «negación» del enemigo (casi como si este retrocediera sorprendido y asustado ante tal potencia), trazando vías de fuga, organizando éxodos, desertando, sin provocar rupturas en los dispositivos de poder y sin construir relaciones de fuerza y formas de organización capaces de soportar el nivel de conflicto, es hoy una ilusión, negada cada día por la exasperación de las diferencias de clase, de sexo, de raza y por las guerras.

Cuando la acumulación mundial se bloquea, cuando el enfrentamiento entre imperialismos se vuelve inevitable, cuando la nueva división de poderes en el mercado mundial se hace enteramente a expensas de los oprimidos, cuando la guerra mundial se impone, no es posible evitar el problema de cómo neutralizar el poder del enemigo de clase.

La masacre en Gaza tendrá el mismo peso que tuvo la *semaine sanglante* de la Comuna de París en 1871. Con sus miles de fusilados del movimiento revolucionario, plantea ayer como hoy el problema acuciante: cómo no ser masacrado por una potencia que, como siempre, está dispuesta a hacer cualquier brutalidad para no ver disminuido su dominio.

En mayo de 1871, en medio de las masacres y fusilamientos en masa del proletariado parisino, un periódico conservador escribía, expresando un juicio de la burguesía: «La dificultad social está resuelta o en vías de resolverse». Esto es lo que piensan las clases políticas y los medios de comunicación occidentales sobre Gaza y la «dificultad social» palestina.

<151>

Hoy, si ha de producirse una ruptura radical, vendrá del Sur y de las periferias, como en el siglo XX. El trabajo sucio de control y represión que ejerce Israel es crucial para la preservación del poder del capitalismo, precisamente porque se enfrenta a un Sur palestino irreductible, que nunca muere, a pesar del genocidio que sufre desde hace un siglo.

No hay ninguna posibilidad de levantar cabeza sin la destrucción, más o menos violenta, de la relación que establece los términos de dominante y dominado, de explotador y explotado. No hay «línea de fuga», éxodo, forma de vida, producción de subjetividad, sin una ruptura de los dualismos (hombres/mujeres, blancos/racializados, patrones/trabajadores, etc.). La capacidad de las máquinas del poder para imponer la explotación, la dominación y las guerras requiere la invención de una *negación* como momento necesario de la afirmación, una nueva *potencia de destrucción* no dialéctica de la fuerza del enemigo. La desaparición de la revolución en las teorías posteriores al 68 es contemporánea de la difusión de concepciones de la acción política exclusivamente afirmativas, creativas, productivas y positivas que han «desarmado» al proletariado.

Lo que se desprende irremediablemente de la crisis de 2008 es que las «diferencias» de clase, sexo y raza no son «diferenciadoras», no desarrollan excedentes, pero se polarizan, chocando con el proceso de totalización del poder, al no tener ya ninguna mediación disponible, ni siquiera para integrarlas, aunque se quisiera.

En el capitalismo, el «uno» (totalización) y la multiplicidad (diferencia) son siempre funcionales al «dos». Es decir, la máquina Estado-capital tiene la capacidad de hacer malabarismos entre centralizaciones cada vez más estrechas de la propiedad y el mando, y descentralizaciones y multiplicaciones de los dispositivos de control, gobierno y sometimiento. Pero la centralización y la difusión siempre convergen para producir y reproducir los dualismos de clase, de raza y de sexo, y en la organización de su superación en la guerra y en la guerra civil, cuando se muestran irreconciliables con su insaciable deseo de propiedad privada.

<152>

Los movimientos, desde hace cincuenta años, están enredados en una multiplicidad complaciente, impotente, incapaz de llegar al «dos» sobre el que siempre se ha jugado el conflicto, y hoy la guerra y la guerra civil, condición para el surgimiento de una pluralidad subversiva y no simplemente fantaseada, capaz de socavar las bases del sistema sociopolítico y sus estructuras.

El todo, su imposibilidad y la revolución

Desde los años '70 el análisis crítico se ha centrado en los «pequeños poderes», los «sistemas de dominación difusos», que se ejercen de manera «constante, permanente, violenta» sobre los cuerpos individuales, garantizando la estabilidad del cuerpo social, pero descuidando y oponiendo a menudo esta microfísica al poder como *totalidad concreta* o, más bien, al poder como *proceso de totalización estratégica*. Cuando, en cambio, habría que articularlos en conjunto.

El poder tiende continuamente hacia la totalidad, el proceso de totalización es tan continuo como la centralización del capital, pero, paradójicamente, nunca puede configurarse como un «todo» cerrado, nunca puede llegar a ser «uno». La totalización se persigue, entonces, a través de la guerra, que a su vez resulta ser una relación estratégica, llevando al paroxismo la oposición entre fuerzas. Solo la victoria puede establecer temporalmente una jerarquía entre los que mandan y los que obedecen, porque el todo se da siempre como escisión, sin conciliación, sin superación, sin síntesis.

En *Miseria de la Filosofía*, Marx describe al capital así: «Las relaciones de producción de toda sociedad forman un todo». Cada determinación del capital, producción, consumo, circulación, no se vincula de forma contingente, sino orgánica a su «totalidad concreta» (Lukacs), que se aleja de la realidad inmediata y no puede ser captada solo desde el punto de vista «situado» de cada uno (trabajadores, mujeres, racializados).

El concepto marxiano de «todo» puede ampliarse de dos maneras diferentes: en primer lugar, no se trata exclusivamente del todo de la producción, porque también incluye al Estado con su relativa autonomía, de modo que la máquina Estado-capital aspira a la totalización, queriendo volver al Estado y al capital completamente homogéneos, sin conseguirlo; en segundo lugar, el todo no hace «uno» tampoco porque las relaciones de poder con el proletariado lo mantienen siempre abierto al conflicto.

<153>

El poder del capital y del Estado como proceso de totalización estratégico significa dos cosas: el poder es siempre una relación y, por lo tanto, es siempre una estrategia (aunque sea asimétrica) que pasa y se estructura a través de las pequeñas y grandes relaciones de poder ejercidas en el modo de producción, en el Estado, en la familia, en la escuela, en el hospital, etc.; pero significa también que la máquina Estado-capital tiende a superarlas, en el sentido de que las relaciones de poder (hombre/mujer, colonizador/colonizado, capitalistas/trabajadores, Estado/población) están incluidas en una *política general*, un gran «Dos» que contrapone la máquina Estado-capital al proletariado en su conjunto, sin que el proceso pueda cerrarlos en una totalidad, sin poder jamás dominarlos completamente, sin poder jamás convertirlos en un sistema, una estructura, una «jaula de acero».

La guerra tendría la tarea de completar este proceso inacabado de totalización, pero no lo logra porque el otro de la relación está siempre presente; más aún, en el conflicto armado, el otro está presente de una manera todavía más radical: el proceso de totalización y centralización querría clausurar las relaciones de manera arbitraria, volver definitiva la asimetría, ejercitar un poder ilimitado; pero al mismo tiempo, incluso en ese nivel de conflicto generalizado, reconoce su naturaleza de relación estratégica, porque lo que está en juego en este *gran* «dos» es precisamente la asimetría del poder y su crítica armada. En lugar de ser cerrada, la relación de guerra está totalmente abierta a lo imprevisto, al caso, al riesgo, a los acontecimientos, a lo que suceda, a un futuro incierto a ambos lados de la relación.

<154>

En la contrarrevolución contemporánea, el pensamiento y los movimientos críticos ya no son capaces de identificar al enemigo: en la multiplicidad de «pequeños poderes difusos» cada uno intenta oponerse a los suyos (hombres, capitalistas, blancos, etc.), y cuando el enemigo aparece en su forma general, en el gran «dos» de la guerra y la guerra civil, piensan que no es asunto suyo y se retiran, creyendo desertar, soñando con el éxodo, trazando vías de un escape imposible.

Las revoluciones siempre trataron de aprovechar este tiempo «abierto» y volverlo contra el poder.

La guerra es también el reconocimiento de que todas las relaciones de poder, grandes y pequeñas, no solo están abiertas a un devenir estratégico, sino que también son irreconciliables, y esta es la razón principal por la que el capitalismo, desde el siglo XX, siempre termina en guerra y en guerra civil.

La lucha del pueblo palestino es de enorme importancia porque deja claro que, como toda lucha de liberación, incluso las llevadas a cabo en Occidente, está atrapada en este «dos» del enfrentamiento estratégico general y debe lidiar con este. No hay escapatorias, el capitalismo llega regularmente a este cierre, a esta encrucijada estratégica. *¡Hic Rhodus, hic salta!*

La unidad de lo múltiple

Históricamente, ¿cuándo y en qué situaciones vimos la diversidad de los dualismos de clase, sexo y raza, la heterogeneidad de los sujetos proletarios (trabajadores, mujeres, colonizados) componiendo sus diferencias, inventando nuevas relaciones sociales, produciendo formas de subjetividad sin precedentes y transversales a la multiplicidad proletaria? Inmediatamente antes e inmediatamente después del *gran* «dos» de las revoluciones, aunque sea por un periodo breve, aunque sea por unas semanas o algunos años, según las situaciones. Sin embargo, durante los periodos pre y posrevolucionarios, siempre existe la unidad de lo múltiple. Hasta ahora solo estos han sido momentos constituyentes, no conocemos otros.

Ya en la Revolución francesa se vieron emerger, con la ruptura de los dualismos en el seno de la organización en conflicto con el poder, modalidades de acción y de discurso capaces de producir nuevas subjetividades, nuevos valores, nuevas formas de pensar y de relacionarse con el mundo: el dominio del hombre sobre la mujer, roto por el rechazo y la acción de las mujeres, expresó un punto de vista radical (Olympe de Gouge); el dualismo colonizado/colonizador dio origen a la revolución de los esclavos haitianos, la primera gran ruptura en las colonias, capaz de derrotar tanto al imperialismo francés como al inglés; el dualismo de clases vio la erupción de los *sans culottes* que continuamente intentaban radicalizar la revolución de la burguesía. Lo mismo pero acentuado se puede decir de las revoluciones proletarias del siglo XIX, de la Comuna de París, de la Revolución soviética, china, vietnamita, argelina, etc., de las revoluciones antiimperialistas del siglo XX, de 1968.

La multiplicidad estalla siempre dentro de las interrupciones del tiempo de la explotación y la dominación, logrando organizar y orientar la enemistad contra la máquina Estado-capital, condición indispensable para que la multiplicidad no tome la forma capitalista, populista, fascista.

La producción de nuevas subjetividades, si por ello no entendemos la construcción inofensiva de formas de vida, siempre estuvo acompañada de hostilidad y su organización no puede limitarse a una despotenciada relación ético-estética consigo misma, perfectamente representada por el concepto foucaultiano de «artes de la existencia».

En esos momentos no solo hay «convergencia» de los movimientos de clase, sino también concentración/recomposición, salto cualitativo de la fuerza del proletariado y

<155>

neutralización, negación, destrucción de la fuerza del poder enemigo. Sin este trabajo negativo, no hay posibilidad de afirmación/creación. Es lo que la insurrección chilena de 2019 no consiguió hacer: se detuvo en la «convergencia», mientras el enemigo (¡porque hay enemigo!) perseguía la descomposición y destrucción de las fuerzas surgidas de la insurrección, tejiendo las alianzas necesarias para la concentración y recomposición de las fuerzas seriamente debilitada por la revuelta, con profunda conciencia de la realidad de la guerra civil que las jornadas de octubre habían manifestado. La convergencia como fin en sí mismo, que se funda y despliega a partir de su propia fuerza, sin tener en cuenta la estrategia del enemigo, es una ideología débil, hoy llamada «interseccionalidad», con la que los movimientos chilenos ofrecieron un blanco fácil a las iniciativas contrarrevolucionarias, descuidando el hecho de que la ruptura, la interrupción del *continuum* de la explotación y la dominación, el salto de fuerzas del proletariado, requiere la destrucción de la política del enemigo, lo que solo puede lograrse a través del «dos» del enfrentamiento general, que de todos modos se nos impone. ¡O avanzamos o retrocedemos porque toda mediación ha fracasado! Ciertamente, los movimientos no estaban preparados para este nivel de lucha y fueron dispersados y derrotados. Cómo afrontar estas situaciones, cómo invertir las relaciones de fuerzas a nuestro favor, cómo equilibrar táctica y estrategia, debería ser el objeto del debate de los movimientos, el propósito de su organización.

La convergencia no es suficiente. La interseccionalidad es la composición de las diferencias compatibles con el capitalismo, diferencias por las que se organizan y funcionan la producción y la dominación.

La unidad de lo múltiple no es una simple interseccionalidad, sino que será resultado de la relación conflictiva entre personas diversas (mujeres, trabajadores, racializados), porque los dualismos también expresan divergencias, puntos de vista heterogéneos sobre la acción política, sobre el poder y sobre las estrategias para afrontarlo. La posibilidad de expresar unidad presupone conflicto, no solo con el poder sino también entre estos dualismos, a pesar de que

<156>

están todos del mismo lado de la barricada, a pesar de que juntos constituyen un solo proletariado. Cada dualismo expresa, a través de sus formas de lucha y de organización, un juicio sobre el acontecimiento de la guerra y de la guerra civil a partir de su propio punto de vista y, si se puede construir un todo, este no solo será abierto, sino también precario y temporal. La eficacia de la unidad, que no será una conciliación, dependerá, paradójicamente, del mantenimiento de la «desunión» entre dualismos.

Los diversos niveles del enfrentamiento

<157>

La lucha y la organización pasan por dos niveles diferentes: la fuerza se acumula primero a través de luchas que se desarrollan dentro de las divisiones y dualismos de clase, sexo, raza, pero también debe ser capaz de dar un salto en su expresión y acumulación, superando escisiones y dualismos. De lo contrario, no hay salida del funcionamiento de las diferencias compatible con la máquina Estado-capital, en la que el conflicto puede servir también de motor para el desarrollo económico del capital y del poder del Estado (como sucedió en el Norte del mundo con la posguerra). El segundo nivel del enfrentamiento se produce cuando, superando las divisiones de raza, sexo, clase, se consigue construir una recomposición capaz de sostener la disputa con el enemigo en su dimensión general, sin producir un «uno» totalizador para lograr este objetivo. Por el contrario, la acción debe recomponer al proletariado como un «todo» abierto, un todo capaz de contener las diferencias y las singularidades, pero organizándolas con vistas a la destrucción del enemigo (de su política); es decir, imponiendo el *gran* «dos» de la confrontación con el poder, que una vez más viene impuesta por la dinámica del enfrentamiento entre clases.

Muchos movimientos contemporáneos parecen adoptar una interpretación parcial de los cambios que se produjeron en los años '60 y '70 en el concepto y en la práctica de la revolución, separando los dos niveles del ejercicio del poder y del enfrentamiento entre las clases. Algunos han escrito que en la revolución de los años '70 el cambio no se pospuso para mañana, para el futuro, para el día después de la toma del poder, sino que se practicó «aquí y ahora». La revolución pretendía cambiar la vida cotidiana, transformar la forma de vivir nuestras relaciones más íntimas y cercanas, construir nuevas subjetividades, nuevas comunidades. A esta interpretación compartible, pero limitada, se puede añadir otra que no lo es tanto: fue una revolución social que no buscó, es más, rehuyó, a la revolución política, a otra forma, más marxiana, de definir los dos niveles del enfrentamiento de clases.

<158>

Otros expresan el mismo concepto, de otra manera, partiendo de nuevo del tiempo: la revolución no era inminente, no era la expectativa del futuro de la emancipación, no era algo alejado del presente, sino el presente mismo. Pero al confundir el proceso con su realización, incluso parcial, concluyeron con la desafortunada idea de que la revolución ya había llegado, de que la mutación ya había tenido lugar, reduciéndola, así, a una mutación antropológica. Lo que el final de los años '60 y '70 había mostrado, no era una revolución, sino un proceso revolucionario que fue inmediatamente interrumpido, reprimido, desgarrado por una contrarrevolución que, tampoco se refería al futuro, sino que actuaba violentamente en el presente, atacando el proceso de cambio: a finales de mayo en Francia, la gran contramanifestación reaccionaria organizada por el poder gaullista y las elecciones habían marcado prácticamente su fin. El proceso revolucionario fue encarcelado, asesinado, bloqueado y derrocado en todo el mundo al mismo tiempo, de modo que a finales de los años '70 cualquier voluntad de cambio había sido neutralizada, *iniciándose una contrarrevolución que nunca separó los dos niveles de poder, macro y micro.* Primero actuó con la violencia de la guerra civil destruyendo, incluso físicamente, a sus adversarios, después intervino sobre la moneda, sobre la producción, sobre las instituciones, sobre el saber, sobre la cultura, para cambiar la vida de todos los días.

La revolución política y la revolución social, tal como las define Marx («Cada revolución destruye la vieja sociedad, en este sentido es social. Cada revolución derroca al viejo poder, en este sentido es política»), proceden juntas y son interdependientes, inseparables, pero no idénticas. Deben mantenerse unidas, pero en sus diferencias, porque la revolución política no es simplemente inmanente a la revolución social. ¿Los tiempos de las dos revoluciones son idénticos o están desfasados? Henrich Heine citado por Koselleck problematiza la respuesta: «Un escritor que quiera provocar una revolución social puede adelantarse un siglo a su tiempo. En cambio, el tribuno que quiere una revolución política no puede distanciarse demasiado de las masas», del presente vivo de las relaciones de fuerza.

Concentrar la estrategia del cambio solo en la vida cotidiana, solo en el presente, solo desarrollando prefiguraciones de formas de vida, de comunidad, de vidas liberadas y espíritus libres (condiciones que, en las sociedades actuales, se practican individualmente sin hacerlas pasar por proyectos políticos que no pueden ser), sin identificar un enemigo y organizarse para combatirlo, se ha demostrado como una estrategia absolutamente impotente y destinada al fracaso, precisamente porque no se articulan los dos niveles, macro y micro, en los que se mueven el poder del Estado y la acumulación de capital.

<159>

La contrarrevolución impuso primero un individualismo posesivo que favoreció —precisamente en la vida cotidiana, en la relación entre las personas— la emergencia de una fiebre de apropiación que generó el miedo a perder el trabajo, el estatus social, los ingresos, los derechos y que cristalizó en un resentimiento generalizado.

La lógica de la competencia continuó la estrategia de la guerra civil en la vida cotidiana, incitándonos a ver en el otro un enemigo a derrotar. En lugar de ser un sustituto de la guerra, la competencia nos ha llevado directamente, incluso subjetivamente, a la economía y a la información de guerra y a la farsa estadounidense del choque entre civilizaciones en la que vivimos. Fue el vivir «aquí y ahora» lo que se convirtió en racismo y sexismo, moviendo las palancas de la macroeconomía y de la macropolítica. La producción de una subjetividad reaccionaria, perdida, cerrada en su individualidad es inseparable de los imperativos de la acumulación capitalista, es su otra cara.

La socialidad de prefiguración de los movimientos que se desarrolla en actividades que, en lugar de dirigir sus reivindicaciones al Estado, quisieran tener un impacto inmediato en la sociedad (aquí el ejemplo orgánico: «boicots, mercados de agricultores, grupos de compra solidaria, agricultura comunitaria, comunidades de semillas de código abierto, comunidades de torres de energía y tránsito, bancos de tiempo, huertos urbanos, *cohousing*, ecoaldeas, procomún digital, ocupación y autogestión de fábricas, viviendas y otros espacios, incluyendo las plazas en la medida en que se convierten en objetos de (re)apropiación en lugar de seguir siendo meros teatros de protesta») no contaminan prácticamente a nadie, porque a su alrededor crece el fascismo, el racismo, el egoísmo, la vulgaridad cultural, la miseria de la producción mediática y de la pobreza real, la explotación y la guerra.

<160>

El aislamiento es total porque falta la otra dinámica, la de la ruptura política, la del cambio radical del sistema social y político, de la orientación de la hostilidad política contra el enemigo. La última vez que funcionaron juntas, en los años '60 y '70, produjeron cambios virales que se colaron por todas partes, en la vida cotidiana, en la música, en el cine, en el arte, en las relaciones personales, en los comportamientos, incluso en los programas de televisión y radio; transformaron el gusto, el lenguaje, el sentimiento, las conciencias, las prácticas. Siempre fue así en los periodos pre y postrevolucionarios. Cuando la revolución política fue derrotada, los cambios se volvieron locales, débiles, incapaces de extenderse, cerrados sobre la especificidad de los movimientos, sofocados por una reacción que sí contamina todas las esferas de la vida.

Cincuenta años de contrarrevolución y de derrotas nos dicen que no podemos separar los dos niveles de lucha, para simplificar: aquel del cambio subjetivo, aquí y ahora, y el de la transformación socioeconómica, de las relaciones de poder y de la guerra.

La máquina Estado-capital se mueve cómodamente entre estos dos niveles, actúa estratégicamente entre la producción y la dominación, entre la guerra civil y la vida cotidiana. La eliminación de la revolución a la que asistimos desde los años setenta es precisamente la negación de esta dialéctica.

Ciertamente, es necesario pensar en una nueva articulación entre estos diferentes niveles del enfrentamiento, porque ni el partido, tal como lo hemos conocido, ni la guerra civil, tal como se ha practicado, son hoy soluciones viables, pero sin separar nunca lo específico de la iniciativa de la lucha y el proceso de totalización estratégica del enemigo, considerando la guerra civil asimétrica como una realidad del capitalismo, del mismo modo que la explotación, el beneficio o las finanzas. No veo otra alternativa. Si la ruptura no se concreta atacando al enemigo a la defensiva, lo que se consolidará será el poder. Esto es lo que parece haber ocurrido en Chile, el poder disolvió la «convergencia», impidió la recomposición, neutralizó la fuerza expresada y acumulada en los levantamientos, haciendo imposible cualquier política afirmativa de clase. Si no se asume la guerra civil, si no se encuentran dispositivos y políticas para no sufrirla, para revertirla, nos volvemos víctimas de la iniciativa del enemigo. Una realidad que también parece corresponder a la evolución de otros levantamientos posteriores a 2008, el egipcio sobre todo.

<161>

Lo que hemos llamado poder general distribuye funciones y papeles, los gobierna y los reproduce. Es un «todo» estratégico, constituido por una multiplicidad de relaciones de poder que nunca se resuelven, repitámoslo, en estructura, sistema, jaula de acero. Si había alguna duda, la guerra está ahí para disiparla, poniendo en tela de juicio todas las teorías de la complejidad, la biopolítica, las teorías de los sistemas, los juegos, la gubernamentalidad como multiplicidad de poderes locales y difusos, etc. La centralización aterradora que manifiesta la guerra, su subordinación violenta de cualquier dispositivo de poder, no cayó del cielo como un rayo, sino que siempre estuvo ahí, siempre estuvieron activos poderes unificadores que gestionaron, mandaron y controlaron los dispositivos de difusión capilar de las técnicas de control. Y cuando ya no correspondieron más a las necesidades del poder, se quitaron de en medio muy sencillamente. La guerra barre gran parte de las teorías que oscurecían la vista de quienes no querían ver.

Si no entramos en esta realidad macropolítica del capitalismo y sus guerras abiertas o subterráneas, con una fuerza autónoma recompuesta a través de las modalidades que he intentado describir, los movimientos se presentarán necesariamente, decía Angelo Baracca, como pequeñas orquestas tocando en el Titanic la noche en que está destinado a hundirse.

Centralización y multiplicidad

La crisis del marxismo nos ha hecho perder la capacidad de leer la coyuntura (las relaciones entre fuerzas políticas y económicas, la intensidad de su enfrentamiento y los espacios que se abren y cierran por iniciativa de las clases). Las teorías críticas y los nuevos movimientos parecen considerar estos análisis y la imposición del «dos» como «abstractos» y no «situados», como una lectura «macro» que no involucra el deseo de los sujetos sociales «micro» en primera persona; de hecho, no desarrollan ninguna teoría general de los poderes que trascienda su condición, ningún punto de vista sobre la guerra y sobre la guerra civil que no concierna al sujeto específico de cada movimiento diferente, como si esta realidad contuviera el conjunto de las relaciones de poder en las que se basan el capitalismo y el Estado. Frente a la vieja estrategia de las «relaciones de fuerza» generales que surgen en el mercado mundial y dentro de cada país, se da preferencia a la novedad de la «relación con sí mismo», oponiendo estas últimas a las primeras, cuando deberían mantenerse unidas estratégicamente. Desde los años 70 vivimos con la ilusión de que la multiplicidad puede escapar a la dinámica del «uno» y del «dos», de la centralización política y del conflicto mediante «transformaciones intersticiales», eludiendo, más que desafiando, las relaciones de dominación existentes, una de las tantas versiones del éxodo en que demostraron todas ellas su esterilidad.

La guerra entre imperialismos en Ucrania y el conflicto colonial en Oriente Medio nos recuerdan que el siglo XX nunca ha terminado porque es la matriz de nuestro presente.

Impulsado por los acontecimientos de 1968, Gilles Deleuze, teórico de la multiplicidad, sugirió también, con la lucidez resultante de las relaciones de fuerza establecidas por las luchas de clases a finales de la década de 1960, la necesidad de una centralización organizativa para deshacer

<162>

los dualismos y afirmar la heterogeneidad: «La teoría de las etapas es ruinosa para todo movimiento revolucionario. Debemos ser desde el comienzo más centralistas que los centralistas. Es evidente que una máquina revolucionaria no puede contentarse con luchas locales y puntuales». Ciertamente no es una centralización leninista, porque debe ser «hiperdeseante», debe operar «transversalmente y no verticalmente», pero plantea el problema de los «dos», del dualismo que hoy nos abruma por todos lados y nos obliga a tomar partido, voluntaria o involuntariamente. Por supuesto, se trata de construir una «máquina de guerra», y no un dispositivo estatal, cuya capacidad de transformación no <163> puede separarse de la responsabilidad de asumir la realidad de la guerra y de la guerra civil. Así, la subjetivación producida por la máquina de guerra no quedará encerrada dentro de la militarización impuesta por la toma del poder por Lenin, pero no podrá desarrollarse separada de la guerra civil.

En la era de la desorientación política, circulan peligrosas ilusiones según las cuales la revolución se declina ahora de acuerdo a la particularidad de los movimientos: la revolución feminista, la revolución decolonial, la revolución ecológica. Lo que queda del movimiento obrero y sindical tiene el buen tino de abstenerse, porque sabe que la derrota, en el terreno fundamental del trabajo, continúa, incluso parece reproducirse sin fin. Evidentemente esto puede ser cualquier cosa (movimientos radicales, lanzamiento de proyectos de ruptura, desencadenamiento de procesos revolucionarios, etc.) menos revoluciones, porque vivimos, por el contrario, dentro de un férreo dominio de la contrarrevolución que se va transformando, por sus contradicciones internas, por sus imposibilidades ligadas a la dinámica de la acumulación de capital y a los enfrentamientos de clases, en guerra entre imperialistas en el exterior y en guerra civil en el interior. Las proclamadas revoluciones son incapaces de contrarrestar mínimamente, como lo habían hecho los movimientos y revoluciones de los siglos XIX y XX, la acción de los capitalismos y de los Estados, que, por el contrario, han acentuado su sexismo, su racismo, su uso de combustibles fósiles, su explotación, en un marco político en el que la democracia convive armoniosamente con la extrema derecha. Los grandes movimientos feministas nacidos en América Latina, que Silvia Federici considera con razón potencialmente entre los más importantes, no han sido capaces de desarrollar un proyecto revolucionario que implique a todos los componentes del proletariado. Constatada la impotencia del proyecto a la hora de oponerse a la contrarrevolución capitalista, una gran parte del proletariado se ha vuelto, en cambio, hacia la extrema derecha. Chile y Argentina son países que muestran tanto la fuerza como las debilidades de estos movimientos, porque difícilmente logran, a pesar de los intentos realizados, medirse con el poder en su conjunto.

<164>

Sería muy útil que estos movimientos hicieran un balance de las gravísimas derrotas sufridas tanto en Chile como en Argentina, porque habría mucho que aprender de los límites de los análisis y propuestas desarrollados en las últimas décadas, en comparación con la estrategia vencedora del enemigo. Ya una primera vez el neoliberalismo llegó desde esas regiones como continuación del fascismo de las dictaduras latinoamericanas. Ahora la privatización generalizada, que es el verdadero objetivo de Milei, marca la victoria definitiva de la propiedad privada, que pronto amenazará en todo el mundo lo poco «común» que queda, el último legado de las revoluciones del siglo XX. Desde la desaparición de la revolución, sin organización de la potencia y estructuración de la fuerza, ninguna acumulación del «común», sino solo su inexorable desintegración, su disolución, sin restos, en un triunfante «individualismo posesivo». Definición a fin de cuentas equivocada, porque la apropiación no es en absoluto individual, sino que constituye, en cambio, el proyecto de una clase formada por unos pocos, una oligarquía o una «casta», contra la cual, ideológicamente, Milei construyó su campaña electoral, mientras que será la única beneficiaria de esta nueva forma de fascismo.

Negación y afirmación

La desorientación política actual debe mucho a la ausencia casi total de los temas más propiamente políticos dentro de lo que queda de los movimientos y las teorías. El más estratégico de ellos se refiere al concepto de negación y su relación con la afirmación y la creación. Lo negativo se manifiesta no solo en la explotación y la dominación, sino también en las guerras que llevan al concepto a sus consecuencias más extremas.

En la historia de las revoluciones y del marxismo se ha actuado como si la negación contuviera en sí misma la posibilidad de la afirmación y de la creación. La reacción al callejón sin salida que el trabajo «en negativo», heredero de la dialéctica hegeliana, produjo en el seno de las revoluciones tomó la forma de una simple inversión del mismo: la reivindicación spinozista de la «afirmación pura». Simple inversión porque ahora la afirmación parece tener que contener en sí misma la negación. Basta afirmar, basta crear, basta desear, ¡y el poder retrocede atemorizado!

<165>

Todo ha sido positivizado, y se expulsó a lo negativo como si fuera el producto de una mala teoría (la dialéctica), y no lo real de las relaciones de poder. Como la guerra y la guerra civil no podían incluirse en el marco de la afirmación, fueron borradas de la agenda política, de modo que el capitalismo y su Estado quedaron reducidos simplemente a producción y reproducción, es decir, a una realidad económica y a un poder que, habiendo perdido su lado negativo, se presentaba solo positivamente como «incitación», como «solicitud», como capacidad de «volver posible», como una «acción sobre una acción» (Foucault), etc. Lo negativo de la guerra y de la guerra civil, que emerge hoy a la luz del día, es en cambio la raíz profunda de las relaciones de poder porque las clases de los trabajadores, de las mujeres, de los racializados, como clases del capital, no existen en la naturaleza, fueron creadas por las guerras de apropiación. La guerra y la guerra civil no solo actúan, en la acumulación original, como fuerzas de sometimiento de los oprimidos, sino que acompañan a la explotación y a la dominación en la producción y la reproducción. De lo contrario no se entiende cómo la producción y la reproducción, la tecnología, el racismo, el sexismo se materializan hoy con tanta fuerza. La pura afirmación vuelve imposible identificar al enemigo, que vemos actuar, armado, en la economía, en los medios de comunicación, en las relaciones personales, en las relaciones internacionales. La simple lógica afirmativa es impotente.

La relación entre negación y afirmación se manifiesta en toda lucha porque la segunda no tiene posibilidad de existir sin la primera. La acción política debe decir «no», debe escindir a las mujeres, a los racializados, a los trabajadores de sus funciones productivas y reproductivas impuestas por el capital y el Estado, y afirmarlos como sujetos del «proletariado», manifestando un afuera, una ruptura, un exceso, tanto respecto a las funciones como a los roles a los que obligan la producción, la dominación y el Estado.

El «exceso», el «afuera», la «separación» no constituyen un patrimonio ontológico del que los proletarios estén dotados, sino que deben construirse políticamente a través de rupturas, de la organización de la potencia y de la acumulación de fuerzas, produciendo divisiones, no solo respecto del enemigo, sino también dentro del proletariado. Sin este nivel de enfrentamiento, la clase sigue siendo «capital variable» (como lo fue durante los últimos cincuenta años), y las mujeres y los racializados se ven obligados a desempeñar papeles y funciones definidos por el poder, que puede aceptar también, en determinadas condiciones, niveles de expresión de las diferencias, del deseo, de la relación consigo mismo (no es cierto que el deseo sea en sí mismo revolucionario, como tampoco lo es la relación consigo mismo).

El capitalismo es el conjunto de funciones, posiciones, tareas, asignadas a las mujeres, a las personas racializadas y a los trabajadores dentro de los procesos productivos y reproductivos, funciones, posiciones y tareas que están estrechamente interconectadas y son inseparables. Todo está interconectado, todas las relaciones de sometimiento se relacionan entre sí, sin que ninguna de ellas tenga, por sí sola, la capacidad de romper su poder de mando y la necesidad de obedecer. Pensar en romper esta red de relaciones en un punto, sin perturbar el funcionamiento del capitalismo en su conjunto, es un absurdo y una ingenuidad; reivindicar la propia e improbable revolución, sin atacar la fuerza del poder general que emana de estas interconexiones es una fábula que nos cuentan. O la multiplicidad de dualismos construye un desafío al gran «dos» con el que negar, destruir la estrategia del enemigo, o los dualismos de

<166>

sometimiento se reproducen en un marco cada vez más fascista, reaccionario, sexista, xenófobo, en un clima de guerra y guerra civil a la vez.

La primera negación necesaria para la lucha política es la negación del yo como componente del capital, como «capital variable», como diría Marx. La segunda es la negación del poder enemigo como un todo estratégico que emerge con toda su fuerza con la guerra. Estas negaciones son la condición *sine qua non* de la afirmación.

Al igual que hay un enemigo que gestiona el racismo, el sexismo y la explotación, hay también, si se puede decir <167> así, un enemigo más general, una subjetividad del «todo» estratégico, que emana del conjunto de estas relaciones. Sin una contra-estrategia para combatirlo, sin una lucha para negarlo, sin una destrucción de su poder de mando y de imposición de la guerra, proliferan los diversos enemigos que se encuentran en las relaciones de poder específicas. Es lo que estamos viviendo con la intensificación del sexismo, el racismo y la explotación.

Es imposible construir cualquier política y teoría, ya sea ecológica, feminista, decolonial o de clase, que no tenga en cuenta este marco, que no incluya y asuma el nivel y la intensidad de la guerra y la guerra civil en curso, so pena de irrelevancia. De hecho, ¡somos absolutamente irrelevantes!

La violencia, los afectos, la subjetividad

Los procesos de subjetivación revolucionaria no pueden implicar solo «pasiones alegres» según una vulgata afirmacionista que se ha impuesto en las últimas décadas, que solo acepta lo positivo y rehúye a lo negativo como a la peste. Muchas de las consideradas pasiones «tristes» constituyen la inevitable espontaneidad de la subjetividad que se expresa en insurrecciones, revueltas, revoluciones. No solo el «insustituible valor político del odio de clase», sino también la violencia, la agresión, la negación, la voluntad de destrucción, la venganza para redimir el pasado de las generaciones oprimidas, e incluso el resentimiento, son pasiones proletarias que impulsan la revuelta. Ignorarlas o, peor aún, combatirlas demuestra una falta de realismo político y un desprecio por el comportamiento y los «afectos» del proletariado. Si no se aceptan y si no se les hace frente, estas fuerzas se convierten en los medios por los que los fascistas, el populismo y las «democracias genocidas» se introducen en el alma del proletariado, una realidad que ha estado funcionando durante años.

Nietzsche en la *Genealogía de la moral* articula en el mismo movimiento la gran violencia de los fundadores de los Estados y la constitución del sometimiento de los oprimidos a los que *la guerra de conquista, la guerra de apropiación* fabrican un *alma y* una *interioridad*. La violencia que funda los Estados es la misma que crea los «ideales negativos» en el individuo subyugado y sometido por su acción. La conquista y la apropiación hacen desaparecer del mundo una «prodigiosa cantidad de libertad», que para sobrevivir «tuvo que pasar de algún modo a un estado latente». El instinto de libertad (la voluntad de poder) «eliminado, interiorizado, prisionero en su interior», al no encontrar ya forma de desarrollarse, se desencadena contra sí mismo. Este es el origen de la «mala conciencia» y de los efectos negativos de la subjetividad derrotada. Estos efectos son también voluntad de poder, que no es anulada o aniquilada, sino transformada, por la derrota, en una fuerza oscura, resentida, vengativa, una fuerza que odia su condición, a su enemigo, y exige venganza.

La doble acción descrita por Nietzsche, que construye simultáneamente poder y subjetividad, la encontramos en la situación colonial, donde impera una violencia similar a la ejercida por las hordas conquistadoras fundadoras de Estados. Es la violencia colonial de la acumulación originaria que nunca se ha transformado en violencia integradora. Es en las colonias, donde estas pasiones «negativas» son creadas y exacerbadas por la guerra sin límites de los imperios coloniales europeos. También Fanon y Sartre describen el proceso de subjetivación del colonizado a partir de la realidad de una violencia necesariamente interiorizada. Para Sartre, la violencia de los colonizados, que consideramos bárbara, no es suya, sino nuestra, europea. También para el filósofo francés, excava una interioridad, provocada por

<168>

un exterior que obliga al oprimido a replegar en sí mismo la violencia que querría ejercer sobre quienes lo oprimen, abriendo así un «espacio» en el que actúa la voluntad de poder, pero para constituirse como individuo sometido:

> El primer movimiento de esos oprimidos es ocultar profundamente esa inaceptable cólera, reprobada por su moral y por la nuestra [...] esa furia contenida, al no estallar, gira en redondo y daña a los propios oprimidos.

No solo «todos los instintos que no se liberan hacia el exterior, se vuelven hacia el interior», como dice Nietzsche, sino que en el caso de los colonizados, nos dice Fanon, el retorcimiento interior de la violencia sufrida se utiliza contra los propios compañeros de infortunio (la guerra entre los pobres):

<169>

> La agresividad sedimentada en los músculos, el colonizado la manifiesta contra los suyos. Es el momento en que los negros se despedazan unos a otros.

Entre la gran violencia de la colonia y la violencia que organiza la integración del proletariado en el Norte mediante el trabajo asalariado, el *Welfare* y la deuda/consumo, hay diferencia, pero también continuidad porque *se trata del mismo poder*, el de la acumulación mundial de beneficios y potencias, que se ejercita bajo modalidades diversas. Fanon, en la época de la Guerra Fría, llama a la primera «violencia colonial» y a la segunda, magnífica definición, «violencia pacífica», y afirma que entre la primera y la segunda «hay una especie de correspondencia cómplice, de homogeneidad». En épocas de acumulación originaria como la que estamos viviendo, la *violencia colonial* y la *violencia pacífica* constituyen un único y gran flujo de violencia transversal al planeta, que se expresa en la guerra y en la guerra civil. La violencia que deshumaniza a los palestinos, y que deshumaniza sobre todo a quienes la provocan, nos deshumaniza también a nosotros que asistimos impotentes, al amparo de las bombas, al desarrollo de un genocidio que está generando una barbarización general. Incluso en nosotros, espectadores, la violencia se repliega en nuestra interioridad y la devasta. En todas partes respiramos la misma «violencia atmosférica», la misma «violencia ambiental», una «atmósfera de fin del mundo» que ha reinado durante siglos en las colonias y que ahora se extiende también al centro.

¿Cómo pueden los oprimidos, los vencidos, los subyugados, revertir la situación? El sujeto es un producto del poder, su individualidad e interioridad son el resultado de la violencia de la conquista y la apropiación. Pero subyugado no significa aniquilado, porque la voluntad de poder, aunque interiorizada, aunque aprisionada en el individuo, es una fuerza viva que actúa dentro de una organización social, dentro de una esclavitud infernal en el Sur y «dorada» en el Norte, pero que no deja de ser una socialidad. La guerra de conquista y su gran violencia determinan una situación en la que los vencedores «mandan» y los vencidos «obedecen», pero, añade Nietzsche, «sobre la base de una organización social de muchas almas». El «dos» del poder (mando/obediencia) divide la multiplicidad, haciendo de esta una multiplicidad capturada, subordinada, que para emanciparse tendrá necesariamente que pasar por la destrucción de la división.

Los «débiles», los vencidos, que tienen todo el desprecio de Nietzsche, poseen, sin embargo, la «voluntad de reciprocidad», el instinto de reunirse mediante el cual construyen «comunidades», «cenáculos»; se organizan en «rebaños», satisfaciendo y expresando su voluntad de poder. «Asociándose experimentan placer», se fortifican, logran una «victoria contra la depresión», se deshacen de «lo más personal» . Es así como Nietzsche ve actuar la voluntad de poder de los subyugados, reconociendo también la función terapéutica de organizarse. Sea como fuere, el suyo es un juicio negativo sobre las formas socialistas en que se expresa.

Como para desmentir los prejuicios de Nietzsche sobre el movimiento obrero y el socialismo, el surgimiento de las fuerzas revolucionarias en el siglo XIX actuó como una fuerza «aristocrática» que construyó «una acción agresiva común», organizando la voluntad de reciprocidad del proletariado no solo por el placer de estar juntos, sino para destruir la fuerza que lo esclavizaba, que lo hacía individuo, que le construía una conciencia. Fuerza aristocrática porque, a partir

<170>

de Lenin, ya no es la dialéctica del amo y el esclavo la que sustenta la revolución, sino un enfrentamiento entre enemigos que están al mismo nivel, fuerzas igualmente positivas, activas, «creadoras». La relación dialéctica amo-esclavo funciona solamente para la relación de fuerzas productivas y relaciones de producción, porque ahí se encuentran en una relación asimétrica.... En la guerra civil se produce una brecha cuya condición es precisamente la salida del proletariado de las fuerzas productivas y su afirmación como fuerza revolucionaria. Solo en la relación de capital las fuerzas productivas reciben su sentido de otra cosa (la fuerza de trabajo es capital variable). En la ruptura, las fuerzas revolucionarias se dan sentido a sí mismas. El capitalismo produce diferencias de manera inmanente, pero son *sus* diferencias las que siempre logra comprender en su síntesis. Pero la *diferencia* que está en juego con la guerra civil proviene de un «afuera» inmanente que rompe la dialéctica.

<171>

Para los proletarios, los tiempos míticos de la fundación nietzscheana del poder y del sujeto son los tiempos reales de la acumulación originaria necesaria, cada vez, para la refundación del poder mundial de la máquina Estado-capital y el sometimiento de las clases.

El marxismo fue el descubrimiento de que la violencia no puede ser ignorada, que el capitalismo es violencia de las relaciones de producción, reproducción y vida, violencia del sometimiento de los trabajadores, de los esclavos, de las mujeres, violencia de la acción del Estado, de las constituciones, de la gubernamentalidad. Este gran tema ha sido abandonado como si hubiéramos entrado en una sociedad y una época pacificadas. Es quizás en este abandono donde debemos buscar la persistente negación dentro de los movimientos de la realidad de la guerra y la guerra civil, incluso cuando, como en este momento, al volverse solo ven la desolación que han producido.

En la tradición del movimiento revolucionario, la organización tenía la tarea fundamental de transformar la violencia individualizadora en fuerza colectiva, sin pretender superar, redimir o eliminar la primera. Todo el trabajo de la organización tenía un doble objetivo: impedir que la interiorización de la violencia, que no podía estallar contra el enemigo, se expresara contra otros oprimidos o se dispersara en la auto-destrucción; eliminar la gran violencia fundadora del poder y del sujeto. La organización que volvía posibles estos obje-tivos operó también una reconversión, una transformación antropológica de los miembros que salían diferentes de como habían entrado. En la propia acción y en la organización se forjan pasiones positivas. Es cierto que sin solidaridad, sin cooperación, sin ayuda mutua, sin «amor» no hay resistencia posible, ni contra la esclavitud colonial ni contra la esclavitud salarial. Pero oponerse a las pasiones definiendo a algunas de ellas como «tristes», es decir, juzgándolas moralmente, es la forma más segura de no organizar ninguna acumulación de fuerza, ninguna estructuración de potencia.

<172>

Es en la organización de la fuerza colectiva, capaz de actuar reuniendo pasiones tristes y alegres, capaz de trans-formar la violencia individual sufrida en acción común, que las pasiones tristes pueden ser, siempre relativamen-te, «civilizadas». De la lucha con las «alegres», de su con-frontación, surge un proceso de subjetivación que puede así iniciar la *descolonización del alma*, eliminando los *ideales negativos*, siempre que la fuerza colectiva se dirija decisiva-mente contra el poder que los generó. La organización del proletariado nunca puede ser solo una ética, debe poseer el carácter «destructivo», «bárbaro» (Benjamin de nuevo) de una acción con la que «demuele lo existente no por amor a las ruinas, sino por amor al camino a través de ellas».

Al igual que las revoluciones de la primera mitad del siglo XX, los movimientos de los años '70 pusieron en el centro, aunque de manera distinta, el problema de la subje-tividad. Por un lado, criticaron el sacrificio de los procesos de subjetivación a las exigencias de la toma del poder; por otro, reivindicaron una transformación de la subjetividad «aquí y ahora», sin aplazarla hasta un después de la revo-lución. Críticas y prácticas implementadas sobre todo por el movimiento feminista con sus técnicas de autoconciencia, con su trabajo sobre los comportamientos, las actitudes y las relaciones entre las mujeres. Con poca o ninguna con-sideración de la gran violencia fundadora del poder y del sujeto, como si se hubiera evaporado con la democracia y la gubernamentalidad. La conclusión de la acumulación originaria nos deja cada vez la herencia de su desdoblamiento en una multiplicidad de violencias que gobiernan y ordenan dualismos: violencia de género, violencia racista, violencia de clase. La «silenciosa coerción de las relaciones económicas», que parece acallar los gritos agitados y el ruido de las armas de apropiación, no puede funcionar sin esta multiplicación/división de la violencia, por lo que es mucho menos silenciosa de lo que sugeriría esta frase de Marx, especialmente en el caso de las mujeres y los colonizados. Incluso el trabajador sin el poder despótico del patrón no trabajaría tanto y tan bien como el capitalista necesita. No basta el <173> automatismo de las máquinas, ni siquiera el automatismo de la inteligencia artificial. Como no basta el automatismo de las finanzas porque siempre está detrás la sombra de la guerra y de la guerra civil.

La dimensión horizontal de la gestión de la violencia que se multiplica dividiéndose va acompañada de una organización vertical de la misma que garantiza el ejercicio del poder general mayormente sobre el proletariado, del que las guerras son la máxima expresión. Lo que hemos visto, una vez más, es que proceder contra la violencia horizontal es incapaz de minar la fuerza de la violencia vertical de la máquina Estado-capital. Sin deconstruir esta dimensión centralizadora que alimenta y organiza la extensión horizontal, las violencias de género, raza y clase no harán más que reproducirse. Cuando la dimensión vertical pasa a primer plano como ahora, cubre y satura toda la violencia horizontal orientada hacia la guerra y la guerra civil.

Las *prácticas de libertad* se han establecido como alternativas a los *procesos de liberación revolucionarios*, inventando técnicas y prácticas que han enriquecido la producción de subjetividad, pero solo desde un punto de vista ético. Mientras que las primeras no se plantean el problema de la violencia fundadora del poder y del sujeto, las segundas entienden que la construcción de una fuerza común capaz de oponerse a la violencia del Estado y del capital requiere una subjetividad no solo ética, sino también política, que plantee el problema de la abolición de la gran violencia de la acumulación originaria y de su reproducción en la producción y en la política.

Desvincular las técnicas de subjetivación de la cuestión de las guerras fundadoras del poder y del sujeto significa volver a los cenáculos, rebaños y comunidades de los que habla Nietzsche, es decir, parece catapultarse a una época prerrevolucionaria. El giro ético-estético de prácticamente todas las teorías de los últimos cincuenta años se ha visto contaminado, socavado e influenciado por el psicoanálisis, que separa paradigmáticamente al sujeto de la violencia política que lo subyace, limitándose a tratar al *individuo* y sus *ideales negativos* con afectos y palabras, sin tener nunca en cuenta su fuente.

<174>

La violencia, como la organización, tiene también una función terapéutica, es decir, cura las patologías que su interiorización provoca en el individuo y en el proletariado, siempre que se convierta en fuerza común y se transforme en lucha revolucionaria. Es un poderoso antídoto contra la individualización, contra el encierro del mundo al pequeño alcance del sí mismo. Ya no podemos entender, oír, apreciar las palabras de Fanon, como si hubiéramos sido corrompidos por la acción de décadas de la contrarrevolución:

> En el plano de los individuos, la violencia desintoxica. Libra al colonizado de su complejo de inferioridad, de sus actitudes contemplativas o desesperadas.

La función terapéutica de la violencia nos parece un absurdo, algo que ni siquiera merece la pena plantearse. Sin embargo, ¿de dónde viene la intensidad de la acción política? ¿Es posible y concebible una organización de clase, de alguna eficacia, sin hostilidad? ¿Tiene todavía el odio de clase una función revolucionaria como pensaba Benjamin?

Occidente no quiere desaparecer

Creo que el Occidente capitalista y «democrático» está destinado a perder, en realidad ya está perdiendo, la batalla contra los capitalismos y los Estados del gran Sur. Israel seguirá el destino de Occidente que le proporciona armas y financiación para mantener una ocupación que es imposible sin el uso de la fuerza armada. Es probable que el absurdo colonialismo populista decaiga más rápidamente que Estados Unidos, sin el cual el «Estado de los judíos» no podría existir.

Occidente está muerto, pero no lo sabe o prefiere no saberlo. El genocidio en directo marcó su certificado de defunción, el punto de no retorno.

El fin de su hegemonía desatará una violencia de la que empezamos a tener una idea con el genocidio en curso. Sin duda llevará tiempo, pero parece irreversible. La pregunta que cabe formularse, entonces, es: ¿quién ganará y con qué nueva «tabla de valores»? ¿Qué orden global y local impondrán los ganadores? ¿Y cómo actuar en un interludio que corre el riesgo de ser duradero, incluso porque no es la imposición del caos una opción que deba descartarse? <175>

La decadencia de Occidente debería especificarse como la decadencia del hombre occidental, blanco y varón, capitalista y colonialista, animado por una sed infinita de apropiación del otro, de la naturaleza, de las mujeres, de la riqueza, institucionalizados en la propiedad privada, el único valor verdadero de nuestra sociedad.

El par de conceptos de Nietzsche citados anteriormente por Benjamin deberían reformularse hoy de esta manera: el «buen occidental» y el «último hombre» se fusionan en el concepto del «último occidental», el hombre que no quiere morir, que no tiene el coraje de superarse a sí mismo, que es incapaz de inventar una nueva humanidad, pero reproduce guerras y genocidios porque considera su raza «tan inextinguible como la de las pulgas».

Solo a condición de superar al último occidental, una parte de la cultura que fue elaborada en Europa podrá contribuir a la construcción de una política y de una cultura no capitalistas:

> Parece incluso probable —nos advierte Foucault— que ahora una cultura no capitalista únicamente pueda nacer fuera de Occidente. En Occidente, el saber occidental, la

cultura occidental han sido doblegados por la mano de hierro del capitalismo. Estamos demasiado desgastados, sin duda, para hacer que nazca una cultura no capitalista. La cultura no capitalista será no occidental y, en consecuencia, tendrán que inventarla los no occidentales.

Los países no occidentales ya hicieron suya la mejor tradición revolucionaria europea (especialmente Marx y el marxismo) y la convirtieron en un arma para las revoluciones del siglo XX. Se trata de continuar las hibridaciones Norte/Sur, no en función de la acumulación capitalista como ha ocurrido desde los años 70, sino de la revolución.

<176>

Si se quiere aportar un punto de vista que se abra a esta perspectiva, que no quede atrapado entre falsas alternativas (unilateralismo o multilateralismo, tal o cual capitalismo, tal o cual fundamentalismo —cristiano, islámico, hindú, judío—, lo único que importa es la construcción de una fuerza política autónoma capaz de hacer surgir del interior del choque entre civilizaciones, de la guerra entre imperialismos, las luchas de clases, capaz de construir el «dos» de las relaciones de fuerza, sin el cual las «relaciones de sí», la subjetivación, se cierran en su impotencia.

La guerra y la guerra civil mundial en curso han vuelto repentinamente impotentes e inoperantes las teorías críticas producidas desde la década del '60, comentadas e interpretadas talmúdicamente hasta hoy. Concebidas como «ontologías del presente», no nos ayudan mucho a captar la época y el tiempo en el que truenan los cañones.

El proletariado más débil que ha conocido la historia de las luchas de clases, situación comparable solo con el periodo que precedió al nacimiento del movimiento obrero, fue, en cambio, teorizado como el potencialmente más dotado, porque estaba equipado con capacidades «intelectuales», «afectivas» y «cognitivas» de las cuales carecían los trabajadores que habían dejado la escuela obligatoria y los campesinos analfabetos. Unos y otros, a pesar de esta deficiencia cognitiva, fueron actores de luchas, de revoluciones, de victorias y derrotas históricas que han dado forma al mundo tal como lo conocemos.

El poder constituyente, liberado de su versión jurídico-institucional, expresaría un excedente, un desvío que permitiría superar la negatividad. El conflicto que surge escapa así al esquema clásico de oposición al poder porque su finalidad es «crear mundos» y por tanto no degenera en hostilidad absoluta o guerra civil.

«Presagiando lo peor, Marx lo contrastó con el hecho de que el hombre sin otra propiedad que su fuerza de trabajo no puede evitar ser esclavo de otros hombres que se han convertido en... propietarios» que trabajan en la producción material u organizada de la inteligencia artificial. Esta objeción de Walter Benjamin a la socialdemocracia alemana sigue siendo válida para las teorías contemporáneas de la diferencia, del poder constituyente, de las relaciones de sí, de la ontología del presente, de la producción de formas de vida, de espíritus libres, de vidas liberadas. El trabajador contemporáneo, en lugar de haber alcanzado una hipotética y altamente irreal *autonomía* e *independencia* del capital, en lugar de haberse apropiado de los medios de producción sin siquiera una pizca de guerra civil, todavía está atrapado por lo *negativo* de una explotación que le ha quitado, con intereses, lo que tenía que conceder bajo la amenaza de las revoluciones.

<177>

La creación de nuevos excedentes, la conexión infinita entre multiplicidad, diferencias, heterogeneidad, que se expresa en las singularidades de las formas de vida del proletariado, corresponde a su impotencia real y amargamente constatada, de la que solo se puede escapar, incluso hoy, con la política, mediante una ruptura radical (las insurrecciones de la Primavera Árabe, de Chile, de Irán), con las luchas que se insertan en un esquema de oposición (tanto en Francia como en los Estados Unidos con las luchas salariales o las luchas feministas en Sudamérica) contra un enemigo recién descubierto.

A partir de los años '80, mientras vivíamos una continua y cotidiana caída de la democracia en el fascismo, al mismo tiempo que una perpetua consolidación de las relaciones de fuerza a favor del capital y del Estado, se producía un deslizamiento constante *de la política a la ética*: «Debemos dejar de mitificarla: la revolución está viva, construyendo continuamente momentos de novedad y de ruptura. No se encarna en un nombre: Jesucristo, Lenin, Robespierre o Saint Just. La revolución es el desarrollo de las fuerzas productivas, de los modos de vida de lo común, el desarrollo de la inteligencia colectiva».

Dejar de mitificar la revolución significa «diluirla» en el tiempo, hacer de ella una actividad creadora incesante, capaz de producir siempre nuevas conexiones entre singularidades; «minimizar» la revolución significa concebirla como una praxis «normal», sin rupturas «excepcionales», una transformación «implacable», siempre capaz de relanzarse porque es «intratable», ingobernable, constantemente en exceso respecto de la máquina Estado-capital. En lugar de esta ilusoria producción ininterrumpida de ser, de mundos, de procesos de liberación solo fantaseados, asistimos desde hace décadas a la ofensiva de una contrarrevolución que ha cerrado progresivamente todo espacio político a la praxis del «trabajo vivo», reduciéndolo a niveles de sometimiento y explotación no vistos desde la primera fase de la revolución industrial. La «inteligencia colectiva», las fuerzas productivas sin organización de fuerza se integran sin problemas en una producción tirada por la industria armamentística que la histeria guerrera occidental agita en ausencia de todo proyecto político, salvo la reproducción de su propia dominación. La «normalización» de la revolución debe lógicamente eliminar no solo su excepcionalidad, sino también la de las guerras que, en cambio, siguen asomando con aterradora regularidad. Lo que necesitamos no es una ontología, sino una teoría de la revolución sin la cual ninguna política de clase es posible.

Si la revolución «está viva», si el ser es revolución, no es necesaria ni la ruptura que interrumpe la reproducción continua de la violencia original (Jesucristo, Lenin, Robespierre o Saint Just), ni la política y la organización de la fuerza para romper el tiempo del poder y abrir uno nuevo. «Momentos de novedad y ruptura» que se dan sin fechas (1848 - 1871 - 1917, etc.), sin grandes discontinuidades (Revoluciones francesa, soviética, china, etc.); son momentos que, como vimos en las últimas décadas, son incapaces de expandirse, multiplicarse, contaminar el mundo dibujando otro horizonte y por eso se agotan. ¿Se pueden oponer «prácticas éticas de libertad» a los «procesos políticos de liberación», desarrollar la libertad de las primeras sin construir y concentrar la fuerza en los segundos? Esto reduce la producción de subjetividad a una mera ética, a una inofensiva transformación antropológica.

El «sí mismo» que se constituye dentro la hostilidad radical con el Estado y el capital no es el mismo que se produce para hacer de la vida una obra de arte o para construir las formas de vida, prácticas de libertad, producciones existenciales. Toda revolución fue siempre, también, un conjunto de formas de vida, pero si se separa una de la otra se encuentra el desierto de nuestro presente. <179>

Progresivamente, y a partir de 2008 con una aceleración aterradora, la contrarrevolución ha obstruido el desarrollo de cualquier espacio de «libertad», que se ha convertido sistemáticamente en su contrario (fascismo y guerra) destruyendo cualquier posibilidad de multiplicidad y volviendo imposible cualquier «bien común».

La guerra y la guerra civil en curso son una crítica definitiva y sin apelaciones a las conclusiones ético-estéticas alcanzadas por las teorías críticas (desde la estética de la existencia de Foucault hasta el neospinozismo para el cual «la ética es la permanencia del ser, su defensa y su resistencia», pasando por la Aesthesis de Rancière, las formas de vida de Agamben, el paradigma de Guattari, etc.). La transformación de la política en ética —en cuyo origen encontramos una visión mutilada, ingenua y pacificada del capitalismo y del Estado y una valoración fantasiosa de la potencia del proletariado— dio vía libre a la acumulación mundial de capital y de poder, a la organización de una guerra civil asimétrica y rastrera, que conduce inevitablemente a la guerra y a la guerra civil abierta, y a la que la ética solo puede oponer un pacifismo pálido, incruento y ya derrotado.

Nuestra sociedad está dividida, reina el «dos», prevalecen las divisiones que no pueden ser borradas produciendo *diferencias*. Divisiones inconciliables, insuperables, imposibles de mediar, como el final de todo ciclo de acumulación, y como cada uno de sus comienzos, se muestran con una regularidad que no se quiere ver. La diferencia se traduce en una inocua «relación de sí», mientras que los procesos de subjetivación revolucionarios no pueden dejar de enfrentarse con el enemigo y su estrategia de guerra y guerra civil, bajo pena de inutilidad.

La subjetivación solo retomó su dinámica afirmativa a partir de rupturas insurreccionales, de movilizaciones que hicieron uso de su fuerza para imponerse, de levantamientos que chocaron frontalmente con los dispositivos de poder (desde África del Norte hasta América del Sur). Procesos que fueron todos derrotados, precisamente porque, como en Chile —y a diferencia de los conservadores y de los fascistas— la guerra civil no fue tomada como marco para leer la situación, precisamente porque se omitió el análisis de las relaciones de fuerza a nivel local e internacional, como si los movimientos pudieran crecer dentro de un vacío de poder. Haber eliminado la guerra, la guerra civil y la revolución es ciertamente un obstáculo para afrontar la nueva fase política. Las revoluciones son siempre guerras civiles, mientras que las guerras civiles no siempre son revoluciones. Lo que se avecina es una nueva guerra civil mundial porque por el momento no emergen fuerzas subjetivas capaces de transformarla, de civilizarla, en revolución.

Sin embargo, la ruptura, la revolución, la transformación se vuelven actuales cuando «la imposibilidad de cambiar se convierte en imposibilidad de vivir». Por eso debemos estar ahí, la situación va en esa dirección. La presencia subjetiva de un punto de vista revolucionario, otra condición para una posible ruptura, requiere una organización política comunista, de la que, por ahora, no se ven ni rastros.

<180>

Anexo: Carl Schmitt, guerra y guerra civil (partisana)

No hacía falta ser Lenin para darse cuenta de que la globalización, los monopolios, los oligopolios y la hegemonía del capital financiero nos llevarían, una vez más, a la alternativa entre guerra o revolución, socialismo o barbarie (la guerra es segura, mientras que la revolución, dadas las condiciones de los movimientos políticos contemporáneos, es altamente improbable). La misma situación se produjo hace un siglo. Aunque de manera diferente, el colapso del capital financiero contemporáneo, salvado por la intervención del Estado, la fragmentación y balcanización de su globalización, la mayor concentración del poder económico y político para hacer frente a las dificultades de las finanzas y del mercado global, han producido resultados similares. La guerra representa una «catástrofe» en términos técnicos, es decir, un «cambio de Estado». No podemos predecir lo que ocurrirá, pero sin duda el viejo mundo, el que hemos conocido durante los últimos cincuenta años, se está derrumbando. De hecho, ya llevaba tiempo derrumbándose.

La guerra en Ucrania tiene sus raíces y razones en estos procesos y no en la autocracia o la locura de unos pocos individuos. Todo se decidirá entre grandes maquinarias estatales continentales, a diferencia de lo que ocurrió durante la Primera Guerra Mundial, cuando la revolución, gracias a la iniciativa de los bolcheviques, irrumpió como un actor decisivo en el cambio del orden mundial, desbaratando los planes de los imperialismos beligerantes para repartirse el mundo. Para los revolucionarios de la primera mitad del siglo XX, el capitalismo era inconcebible sin guerras entre Estados y sin guerras civiles contra el proletariado, sin guerras de conquista.

<181>

Este gran realismo político les había permitido, a diferencia de la consternación y el desconcierto de nuestra época, no dejarse sorprender y no estar preparados para el estallido de la Gran Guerra.

Schmitt todavía puede proporcionarnos herramientas útiles para descifrar el presente, pero no son, en mi opinión, teológico-políticas. Por ello, quisiera ponerlas a prueba para intentar comprender la actualidad más inmediata, la guerra o, mejor dicho, las guerras: guerra de conquista, guerra civil, guerra de liberación nacional, guerra colonial, guerra entre Estados. En particular, lo que me interesa de Schmitt y me sigue pareciendo de actualidad es el principio estratégico como herramienta de interpretación y lectura de las acciones humanas y de los acontecimientos históricos. Por tanto, prefiero privilegiar al Carl Schmitt que lee las relaciones de poder escapando de la trampa democrático-liberal, más que la codificación que hace de esas mismas relaciones en lo teológico-político, que es siempre el punto de vista del Estado, del orden y de los vencedores, con los que se confraterniza alegremente, aunque sean nazis. También se podría interpretar lo teológico-político de otro modo, es decir, como revolución, porque es la Revolución soviética, después y más que la Revolución francesa, la que muestra que lo real es la lucha, el conflicto, la guerra; es la revolución la que revela «quién» es el soberano, es la revolución el verdadero «milagro», la excepción que supera la forma-Estado y no, como en Schmitt, uno de los instrumentos de su conservación. Pero entonces prefiero apoyarme directamente en el pensamiento revolucionario. El problema de Schmitt es, de hecho, frenar, impedir que el acontecimiento irrumpa, que se separe y rompa con la forma-Estado, que era el gran proyecto de la revolución comunista.

En el cambio de los siglos XIX y XX, la revolución expresa su hegemonía política y cultural; hace decir al jurista alemán: «Vivimos... *sous l'oeil des Russes*». Schmitt se ve obligado a la radicalidad conceptual por la intensidad política de la ruptura revolucionaria que intenta neutralizar, al tiempo que permanece fascinado por ella: vivimos «bajo la mirada del hermano más radical que lo obliga a uno a llegar hasta la última consecuencia práctica»

<182>

El gran mérito de Schmitt es darnos una imagen de la máquina bicéfala Estado-Capital que no está en absoluto pacificada, afirmando que el problema de la guerra no es superado por la economía, que por el contrario lo agrava haciendo la guerra, la guerra total. La polémica con el liberalismo (aquí con Benjamin Constant) conduce precisamente a que «la guerra y la conquista violenta ya no serían el medio de procurarse las comodidades y los placeres de la vida», el «impulso salvaje» a la apropiación sería sustituido por el «cálculo civilizado». Este punto de vista me parece fundamental, porque la «pacificación» de la máquina Estado-Capital es la operación que las teorías críticas, incluidas las marxistas, llevan a cabo desde hace cincuenta años, asumiendo paradójicamente un punto de vista muy próximo al liberalismo: donde hay economía no hay guerra. Si en los años sesenta y setenta la guerra sigue presente, aunque marginalmente, en las teorías elaboradas, en los largos años de contrarrevolución la guerra prácticamente ha desaparecido. En los textos de Rancière y Badiou, que han ocupado el espacio de la teoría política crítica en los últimos veinte años, así como en el feminismo y la ecología, la guerra y las guerras no son tematizadas explícitamente, salvo de manera coyuntural. <183>

La función que el Estado moderno había asumido con éxito, la de controlar el conflicto interno (sofocar la guerra civil) y delimitar el conflicto externo, es decir, la guerra entre Estados, entra en crisis con el advenimiento de la acumulación capitalista que introduce la inestabilidad permanente, la sucesión continua de destrucción/creación es su naturaleza. Pero lo que elimina cualquier posibilidad de estabilización de la crisis, si no temporal, no es tanto la economía como la lucha de clases y, sobre todo, la revolución. La identificación de lo estatal y lo político, que era posible porque lo primero detentaba el monopolio de lo segundo, ya no es viable. «Surgen nuevos sujetos, ya no estatales, como clases y razas en lucha, inspirados por nuevas agrupaciones amigo-enemigas» que politizan otras esferas sociales, en primer lugar, el capitalismo, la economía, el imperialismo. Schmitt identifica aquí a los sujetos que se harán cargo de las revoluciones del siglo XX, la clase obrera y los pueblos oprimidos, privilegiando con razón a estos últimos. Schmitt evita ser aprisionado por el punto de vista eurocéntrico, que será la característica de muchos marxistas europeos.

La politización de la economía, que comenzó en el siglo XIX, se completó en el XX con la revolución, en la que «el conflicto de clases, anteriormente motivado solo en un sentido económico, se convirtió en una lucha de clases entre grupos enemigos». Fue Lenin, según Schmitt, quien desplazó el «centro de gravedad de la guerra a la política, es decir, a la distinción entre amigo y enemigo». La conjunción del partisano de Lenin con Hegel produjo un «nuevo concepto concreto de enemigo, el enemigo de clase».

<184>

Tomar, dividir, producir

La primera parte de mi intervención fue escrita bajo los auspicios del tríptico schmittiano «tomar, dividir, producir». El ciclo económico comienza con guerras de conquista y sometimiento y termina con guerras entre Estados (o con la revolución). Esto es cierto en el caso del neoliberalismo, pero también lo era en el del liberalismo clásico. El primero debía superar las contradicciones del segundo, que condujeron a las catástrofes de la primera mitad del siglo XX; pero, en cambio, sigue servilmente los pasos de su predecesor, suscitando distintas modalidades de guerra civil interna y de guerra entre imperialismos.

En el capitalismo, la producción —sea material o inmaterial, afectiva o deseante, cognitiva o neuronal— presupone siempre la producción extraeconómica, extra-afectiva, extra-cognitiva de las clases sociales. Antes de producir mercancías, es necesario tomar, apropiarse, expropiar por la fuerza de la violencia y del Estado, tierras, poblaciones, cuerpos, medios de producción, recursos, y dividir lo tomado. Históricamente, el capitalismo nació de una triple conquista: la conquista de la tierra y de los campesinos en Europa, la conquista de las mujeres (la caza de brujas es una muestra de la expropiación de su saber) y la conquista de las «tierras libres» del Nuevo Mundo, con el sometimiento de los indígenas convertidos en colonizados y de los africanos convertidos en esclavos. Sin estas guerras de conquista de los cuerpos, que dividen a vencedores y vencidos en propietarios y no propietarios, no puede ser iniciada la producción.

De hecho, tomar, dividir y producir es también el punto de vista del marxismo revolucionario. La revolución, en Marx, tiene como condición «la expropiación de los expropiadores», como reconoce el propio Schmitt, es decir, el derrocamiento de la guerra de conquista y sometimiento mediante la que se constituyeron las clases.

La impotencia política actual es la consecuencia directa de la exclusión de las guerras de la teoría política, que a su vez es el resultado de otra exclusión, la de las luchas de clases. Aquí se unen todos los diferentes conceptos de «producción» que desde los años sesenta han enriquecido, ampliado, cuestionado e intentado superar la teoría marxista: la economía libidinal (Lyotard), la economía de los afectos (Klossowski), el discurso del capitalista (Lacan), la producción deseante (Deleuze y Guattari), la biopolítica (Foucault). Esta última es ejemplar porque se desarrolló precisamente para sustituir a la guerra civil como modelo político. Todas estas teorías parecen dar un paso adelante en términos teóricos (ya que el capitalismo también funciona con deseos y afectos, y son precisamente los deseos y los afectos los que contribuyen fuertemente a la constitución de rupturas revolucionarias), mientras que políticamente dan dos pasos atrás, ya que han contribuido a pacificar el capitalismo, separándolo de las guerras y las luchas de clases.

<185>

Las divisiones entre propietarios y no propietarios, la dominación del hombre sobre la mujer, del blanco sobre el no blanco, no son el resultado de la producción, sino lo que esta presupone. La conquista de los cuerpos se articula a nivel del mercado mundial y, algo que Schmitt capta en contraste con el eurocentrismo de estas teorías, se produce y estabiliza diferencialmente entre el Norte y el Sur por la conquista de América. En el Norte, la consolidación del poder de los vencedores movilizará el derecho, el salario, el *Welfare* y todos los instrumentos que las teorías de los años sesenta y setenta elaboraron (afecto, deseo, disfrute, etc.) para integrar el cuerpo y el alma de los vencidos. En el Sur, en cambio, en lugar de la institucionalización del trabajo, de la integración a través del *Welfare* y de la acción a través de los afectos, se prefiere la violencia colonial, la gubernamentalidad a través del racismo y la guerra civil permanente. Esta violencia diferencial entre centro y periferia constituye la segunda condición política que las teorías de la producción, ya sean materiales o inmateriales, biopolíticas o cognitivas, parecen ignorar por estar centradas en Europa.

<186>

La tercera condición es lo «no dicho» de estas teorías: las subjetividades solo pueden ser movilizadas, las normas de poder interiorizadas, los afectos efectivamente implicados en la economía y la política, solo cuando la lucha en la que están implicadas ha producido la separación de vencedores y vencidos. La gubernamentalidad, que continúa la guerra de conquista por otros medios, solo puede actuar sobre la subjetividad después de haberla ganado. Ninguna norma económica, sexual o racial puede afirmarse en una situación caracterizada por un alto nivel de lucha de clases (como, por ejemplo, en América Latina o Italia en los años setenta). Es necesaria una normalización preventiva tanto política como subjetiva, en la que la intensidad del uso de la violencia y de la guerra civil varíe en función de la relación de fuerzas. Solo en estas condiciones las normas y los afectos encuentran la posibilidad de actuar sobre los individuos, moldeándolos, construyéndolos, subyugándolos. La norma productiva, como la norma jurídica, no son aplicables al «caos», presuponen «una estructuración normal de las relaciones de vida», dice Schmitt. Esta normalidad no es un supuesto externo que pueda ignorarse; al contrario, concierne directamente a su eficacia inmanente.

Estas tres condiciones —es decir, la división binaria en dominantes y dominados, la articulación de estas divisiones a nivel del mercado mundial y la normalización mediante la fuerza que precede a la normalización mediante normas y afectos— se encuentran al principio de cada ciclo de acumulación. El neoliberalismo no escapa a estas genealogías del capitalismo: guerras civiles en América Latina, donde se instaló su primer laboratorio, y luchas de clases en el Norte, de las que salió derrotado el movimiento obrero. En ambos casos, lo que resultó fue una subjetividad proletaria derrotada, obligada a obedecer y disponible a las exigencias de la gubernamentalidad, forzada a adaptarse a la innovación tecnológica, a las nuevas formas de producción, al nuevo mercado de trabajo y a las nuevas normas de consumo.

La simplificación extrema introducida por el «discurso del capitalista» de Lacan puede ser útil para ilustrar la supresión del concepto de guerra y de lucha de clases, así como la ingenuidad con la que se escenifica un capitalismo pacificado, al tiempo que nos permite leer el ciclo económico desde un punto de vista particular, el del consumo y el capital financiero. En el mundo descrito por el discurso capitalista «todo es posible», nada está prohibido. La oferta ilimitada de mercancías parece producir un consumo cuyo disfrute es sin «ley», sin padre, sin la culpa que en anteriores periodos de desarrollo capitalista reducía el trabajo al «sacrificio» y el consumo a la frugalidad, incitando más bien al ahorro. Los consumidores, liberados de estas limitaciones «protestantes», sustituirían a los trabajadores en el centro de la acumulación. Ese «todo es posible» parece corresponder a la imagen de un capital que no conoce límites y representar la nueva ideología y la nueva antropología del sujeto productivo: performante, emprendedor, continuamente impulsado, como el capital del que es máscara —«capital humano» en realidad—, a superar sus límites, que no son más que obstáculos con los que medirse para llevarlos cada vez más lejos, hasta el infinito.

<187>

Pero el «discurso del capitalista» parece no saber que el disfrute no se compra con el salario, sino con el crédito: vivir a crédito es la consigna del poder. Si se van más allá de los límites eurocéntricos que condicionan este «discurso», se descubre fácilmente que al consumo/disfrute se unió inmediatamente, en todas partes del planeta, el par sacrificio/destrucción impuesto por las políticas financieras de endeudamiento. Inicialmente en África, luego en América Latina y en el Sudeste Asiático, el crédito/deuda funcionó como un arma de destrucción masiva, poniendo de rodillas a países enteros e imponiendo la austeridad en todo el planeta a partir de los años ochenta, antes de aterrizar en Europa. En el Norte, en los países ricos, el «discurso del capitalista» es efímero, los años ochenta y noventa del último siglo, la *belle époque* que se repite. La coyuntura se invierte rápidamente: las crisis financieras se suceden hasta culminar en el crack financiero de 2008. Incluso en Estados Unidos, origen de la crisis, y en Europa, el crédito da paso a la deuda, que obliga a los más pobres a sacrificarse (pregúntenle si no a los griegos) porque son culpables de ser codiciosos, por el consumo y el disfrute al que se han visto empujados.

Tras la crisis financiera, una enorme creación monetaria mantiene artificialmente vivo un sistema que, en lugar de reiniciarse, se desgasta. Los Estados que salvaron la máquina del beneficio/poder se enfrentan a enormes desequilibrios internos entre clases y externos con otros Estados. La competencia se convierte en conflicto armado. La guerra, que inició el ciclo, lo termina ahora, pero con una violencia multiplicada por la producción y la productividad, desarrolladas durante la fase de expansión del ciclo.

<188>

La economía deseante se convirtió en economía de guerra y el discurso del capitalista, en discurso belicista. El *general intellect* se militariza rápidamente y la esfera mediática se pone el casco (en el estudio y en los periódicos), sin que ninguna de las nuevas teorías de la producción pueda dar cuenta de esta involución, porque las guerras y su relación con el capitalismo no forman parte de estos modelos pacificados.

La globalización y el *Nomos* del País de Nunca Jamás

La formación de clases a través de la guerra civil es la primera causa de la guerra. La segunda hay que buscarla en el imperialismo. El capital no es un modo de producción autónomo, sugiere Rosa Luxemburgo: es «la primera forma económica incapaz de subsistir por sí misma, solo con la ayuda de su entorno [...] el capitalismo vive de formaciones y estructuras no capitalistas, vive más bien de la ruina de estas estructuras». Así pues, el capitalismo es inseparable de la globalización, es decir, del imperialismo.

Esta segunda parte fue escrita bajo el signo de *El nomos de la tierra* y de *Teoría del partisano*. En el primero, Schmitt traza el sentido y el significado de la primera globalización, del imperialismo y del orden mundial impuesto por Europa. En el segundo libro, da cuenta de cómo las revoluciones del siglo XX pusieron fin a este *nomos global,* es decir, a cuatro siglos de colonialismo, creando una inestabilidad en el orden mundial, que sigue siendo la causa principal de la actual guerra en Ucrania. Las revoluciones asiáticas y sus estrategias contra el imperialismo fueron, sin duda, el acontecimiento más importante del siglo XX, Schmitt lo capta perfectamente. Digo, *en passant,* que el teológico-político es un punto de vista europeo-cristiano poco adecuado para interpretar estas revoluciones que trastornaron el orden mundial. <189>

La división del espacio político mundial es coetánea a la constitución del mercado mundial, que se inicia con la conquista de América. El Nuevo Mundo es a la vez proveedor de bienes gratuitos, condición para el desarrollo del capitalismo industrial, y premisa del orden jurídico y político europeo. De hecho, fue «la aparición de inmensos espacios libres y la conquista territorial», integrados en las estrategias de los Estados europeos, lo que hizo posible «un nuevo derecho internacional europeo con una estructura interestatal». La máquina mundial de poder, absolutamente orgánica a la máquina mundial de producción, esculpe un interior donde se despliegan los Estados europeos, su constitución, sus leyes, su división de poderes, y un exterior mucho más amplio llamado Nuevo Mundo, donde reinan la anomia, la violencia, la arbitrariedad, el racismo, el sexismo, el genocidio masivo. Este orden mundial comienza a resquebrajarse con la Revolución francesa y definitivamente con la Revolución soviética, con diferentes potencias económico-políticas a la cabeza, la última de las cuales es Estados Unidos, que se verá dramáticamente confrontada al problema de la imposibilidad de establecer una hegemonía, como ha sido durante siglos.

Tras la caída del Muro, los estadounidenses estaban convencidos de que, después de haber ganado la batalla de la «civilización» del siglo XX mediante la economía de mercado y la democracia, solo quedaba capitalizar la victoria imponiendo el «neoliberalismo» en todo el mundo. Los occidentales, centrados primero en el enfrentamiento Este/ Oeste y luego en la guerra contra el terrorismo, no se dieron cuenta de que las guerras anticoloniales, en menos de un siglo, habían cambiado profundamente el equilibrio de poder entre el Norte y el Sur. Algo que, por otra parte, era ya evidente para conservadores como Spengler y Schmitt en la década de 1920. El primero, inmediatamente después de la Gran Guerra, se expresó con una lucidez que vale la pena citar: «No fue Alemania sino Occidente quien perdió la guerra mundial cuando perdió el respeto de los pueblos de color. Fue la Revolución de Octubre la que ganó, la que se despojó de la "máscara blanca" para convertirse "de nuevo en una gran potencia asiática, "mongola"», animada por un «odio ardiente contra Europa». La apelación de los soviéticos al levantamiento de los «pueblos oprimidos» bajo el colonialismo y a la rebelión de «toda la población del color de la tierra» pretendían constituir «una resistencia común» y una «lucha contra la humanidad blanca».

<190>

A pesar de haber abandonado el proyecto comunista o socialista, las revoluciones anticoloniales, en primer lugar la guerra de liberación nacional de China, están en el origen de la distribución contemporánea del poder político y del desplazamiento de los centros del capitalismo del Norte al Sur y al Este del mundo. La reconfiguración del orden mundial no tuvo lugar principalmente en el Norte, sino en el Sur, como ahora resulta cada vez más evidente. Debería haberse dado cuenta de ello Estados Unidos, que había librado una encarnizada guerra militar, política y económica contra el Sur (entonces «Tercer Mundo») tras la Segunda Guerra Mundial.

Para Giovanni Arrighi, el núcleo del antagonismo de la segunda mitad del siglo XX «no es otro que la lucha de poder durante la cual el gobierno norteamericano trató de contener, mediante el uso de la fuerza, el doble desafío que el comunismo y el nacionalismo representaban en el Tercer Mundo». Arrighi demuestra que la contrarrevolución monetaria, que comenzó con la declaración de inconvertibilidad del dólar (1971), fue una respuesta directa a la guerra anticolonial más importante desde la Segunda Guerra

Mundial, la que dio la señal de movilización general contra el imperialismo a todos los países del Sur. «Debemos hacer como Dien Ben Phu», proclamaba Fanon desde Argelia, todavía bajo ocupación francesa. Mientras que los marxistas europeos vinculaban la reorganización capitalista exclusivamente a las luchas capital-trabajo y a la competencia entre capitalistas, Arrighi sostiene que las políticas estadounidenses de finales de los años '60 y '70 tenían como objetivo «arrancar de las limitaciones monetarias la lucha por la dominación que Estados Unidos estaba llevando a cabo en el Tercer Mundo».

<191>

Carl Schmitt ve perfectamente la enorme energía y potencia política desarrolladas por las guerras anticoloniales que lograron transformar, gracias a los comunistas, la «pequeña guerra» de Clausewitz en una guerra revolucionaria, en una «guerra partisana», mientras que su admirador, Mario Tronti, no parece leer con la misma lucidez estas revoluciones que calificaría, con cierta condescendencia, de «campesinas».

La «irregularidad de la lucha de clases» organizada por la lucha partisana, articulada en las formas más clásicas de combate llevadas a cabo por el Ejército Rojo «pone en tela de juicio toda la construcción del orden político y social [...] La alianza de la filosofía con el partisano lograda por Lenin, desencadenará nuevas y explosivas fuerzas» y provocará «nada menos que el colapso del viejo mundo eurocéntrico, que Napoleón había esperado salvar y el Congreso de Viena restaurar». La guerra partisana también provocará el colapso de los imperios coloniales.

Schmitt sigue el desarrollo de la guerra de partisanos en la Revolución china, donde alcanzará su apogeo. «Pero el partisano del bolchevismo ruso es poca cosa —quiero decir en su realidad concreta— comparado con el partisano chino». La revolución sigue el pasaje de la guerra limitada a guerra industrial y total, y tiene la capacidad de vencerla en su nueva forma: «La guerra limitada» (que sigue siendo la guerra de Clausewitz), comparada con la guerra imperialista y la guerra partisana desencadenada por la hostilidad de la revolución, «no es mucho más que un duelo entre hombres honorables».

Ryamond Aron expresa el mismo sesgo eurocéntrico que Tronti, cuando le escribe a Schmitt «que el problema del partisano era el problema de los pueblos pobres» y sin industria, agobiados por retrasos tecnológicos y organizativos, podríamos añadir. Schmitt, en cambio, se toma muy en serio la «pequeña guerra» de los revolucionarios y ve toda la novedad estratégica que contiene, comparándola con la configuración espacial de los teatros de guerra en el mar («espacio liso») y en tierra («espacio estriado»). «El combate partisano crea un nuevo campo de acción, un espacio con una estructura muy complicada, porque el partisano no lucha en un campo de batalla abierto [...] Más bien le impone a su enemigo otro espacio distinto».

<192>

El partisano desterritorializa la guerra regular, haciendo de la tierra un espacio tan liso como el marítimo. Esta capacidad de imponer un «nuevo espacio» al enemigo, de dispersar su territorio al no fijar ningún frente, creándolo continuamente allí donde se materializan las guerrillas, es un gran invento estratégico que tendrá un gran éxito incluso cuando los comunistas no estén allí para dirigirlo.

La guerra partisana sigue siendo la guerra que, a pesar de su tecnología, sus ejércitos, sus enormes gastos militares, las enormes inversiones del Pentágono en ciencia y tecnología, los estadounidenses no pueden ganar. Las guerras que iniciaron contra el Sur inmediatamente después de la caída del Muro, las perdieron todas.

El rechazo de las sanciones contra Rusia por parte de la mayoría de los países del Sur y la negativa a someterse a la voluntad hegemónica de Estados Unidos tienen sus raíces en la historia de las guerras anticoloniales del siglo XX, pero también en la actualidad del imperialismo estadounidense y de su neocolonialismo monetario y financiero. A diferencia de la mayoría de los países del planeta, Estados Unidos produce menos de lo que consume, tiene un nivel de vida que no se justifica por su capacidad productiva, es decir, vive por encima de sus posibilidades, con una balanza de pagos constantemente deficitaria. Es el país más endeudado del mundo. Las políticas de crédito/deuda se impusieron porque eran las únicas que podían garantizar que su renta media fuera seis veces superior a la de un chino, sin corresponderse con la realidad productiva de los dos países. Es la imposición del dólar como moneda internacional de intercambio lo que permite a la Fed financiar el *american way of life*, es decir, el mayor despilfarro de la historia de la humanidad, encontrando compradores para una deuda que no deja de crecer.

Por eso, tanto el dólar como la deuda no están garantizados por la capacidad productiva, sino por la supremacía militar. La supremacía del dólar funda la supremacía estadounidense, y la fortaleza del dólar está garantizada por la supremacía militar. Aquí ya ni siquiera se trata de keynesianismo militar, sino de simple abuso de poder armado sobre el resto del mundo. Cuantas más bombas caigan, más poblaciones sean masacradas, cuantas más armas se construyan, más se mantiene alto o sube el valor del dólar y más pueden emitir dólares en grandes cantidades y atraer capitales que quitan a los países pobres y en desarrollo. La carnicería interna es la legitimación de esta lógica asesina.

<193>

La guerra y el armamento son un elemento vital para Estados Unidos, no solo para la hegemonía mundial, sino también para mantener los niveles de consumo y producción. Por eso su imperialismo es mucho más peligroso que el de China y Rusia, que aún no disponen de los dispositivos de depredación mundial de los estadounidenses. Cuando algún país productor de materias primas del Sur decide cambiarlas por una moneda distinta del dólar, Estados Unidos interviene inmediatamente (véase el final de Sadam Husein y de Gadafi).

Lo extraordinario de los gobiernos y la administración estadounidenses es que, a pesar de esta «tasa» impuesta a todo el mundo, han conseguido —creando enormes diferencias de renta y riqueza— iniciar una guerra civil interna. Lo que les hace doblemente peligrosos. De hecho, Estados Unidos es aún más peligroso, porque las políticas de crédito/ deuda utilizadas para compensar su declive fueron la raíz de la crisis financiera que fue la antesala de la guerra.

Los países del Sur tienen todas las razones del mundo para no apoyar a la coalición angloamericana en Ucrania, es lo que debería hacer también Europa, si tuviera alguna fuerza política, porque se está suicidando por segunda vez.

Estado y capital

La tercera causa de la guerra se encuentra en la integración del Estado y el capital en una máquina en la que producción y destrucción tienden a identificarse. La sucesión de acontecimientos que nos ha conducido a la guerra de Ucrania ya se había producido, de manera similar, en la gran globalización anterior, determinando las condiciones para la guerra y las revoluciones. La financiarización que crea monstruosos desequilibrios entre las clases, pero también entre los Estados, la globalización que se desmorona, la guerra entre imperialismos que estalla, obligan a plantear los siguientes interrogantes: ¿por qué el capital no puede convertirse en un mercado mundial realizado y, en cambio, conduce con asombrosa regularidad a la guerra entre Estados? ¿Cómo es posible que después de tanto hablar de crisis del Estado, de superación de las fronteras, de redes económicas, financieras y comerciales mundiales, nos encontremos ante una guerra entre imperialismos librada por grandes Estados continentales, pero todavía Estados?

<194>

El problema de fondo me parece el siguiente: no es posible hablar de un «retorno del Estado» porque no es posible oponer capital y Estado, separar el poder inmanente del primero del poder trascendente del segundo, separar el poder desterritorializador del capital del poder territorializador del Estado, porque juntos constituyen una máquina, que sin embargo nunca podrá convertirse en un imperio o en una única máquina de guerra. Rosa Luxemburgo lo había escrito hace un siglo: el capital, «teniendo la tendencia a convertirse en una forma mundial, se rompe contra su propia incapacidad para ser esta forma mundial de producción». El capital no puede globalizarse sin el Estado y el Estado necesita del capital para vivir en la globalización. Sin capital, su soberanía está vacía; sin salarios e ingresos, sin empleo y *welfare* su legitimidad es débil, su fuerza interna y externa dependen de la producción. Sin el Estado, el capital no puede hacer frente a su extensión productiva, que debe implicar a toda la sociedad y a todo el mundo.

La integración del capital y el Estado se produjo gradualmente, sin llegar a fundirse en un todo orgánico, acelerán-
dose a partir de la Primera Guerra Mundial. Del matrimonio
entre Estado y capital celebrado entre 1914 y 1918, tras un
compromiso que había durado algunos siglos, nació una
máquina de guerra que reorganizó tanto al Estado como al
capital. El Estado vio cambiar la soberanía, la independencia, la autonomía que había detentado hasta la Revolución
Francesa. El Estado ya no «aguanta», ya no puede contener los movimientos que socavan el orden, se ve impedido
de ser una fuerza katechónica, sino que debe convertirse
él mismo en un actor del cambio que debe anticipar y pro-   <195>
ducir, mientras que el capital ya no es la potencia inmanente y autónoma descrita por Marx. Ya no es cierto que
«en el secreto laboratorio de la producción está escrito: *No
admittance except on business*», porque el Estado entra en él
por la fuerza para intentar sofocar la lucha de clases que el
capitalismo suscita, pero que no puede contener.

En los años 30, Schmitt define este Estado como *total* o
económico porque «dispone de un amplio derecho del trabajo, de la fijación de precios y del arbitraje de los poderes
públicos en caso de conflicto salarial, a través de los cuales ejerce una influencia decisiva sobre los salarios; concede subvenciones gigantescas a los distintos sectores de la
economía; es un Estado de bienestar y de beneficencia, un
Estado tributario y de gasto». Todos los sectores de la sociedad participan en este proceso: ya en 1928, dice Schmitt, el
53 % de la renta nacional está controlada por el Estado. El
Estado interviene en un asunto que antes se definía como
no político y la producción se politiza porque es el lugar pri-
vilegiado de la lucha de clases.

Esta pérdida relativa de autonomía de ambos se com-
pensa en gran medida por la adquisición, a través de su
integración, de una fuerza de producción/destrucción sin
precedentes, que contiene todas las catástrofes por venir.

Nunca ha habido «fobia al Estado», contrariamente a
lo que afirma Foucault, ni por parte de los ordoliberales ni
por parte de los neoliberales. La única fobia que han tenido
juntos es la de la «rebelión de las masas», que mediante la

lucha arrancan al Estado conquistas de todo tipo, obligándolo a transigir, reduciéndolo a un «mercado de ganado» (decía un ordoliberal) y perdiendo parte de su soberanía. El proyecto de Schmitt, así como el de los ordoliberales de los años 30 («Economía libre, Estado fuerte» decía Rüstow en 1932, haciéndose eco de un texto anterior de Schmitt, *Estado fuerte, economía sana*) y el de los neoliberales contemporáneos, nunca ha sido el de un Estado débil, sino el de un Estado fuerte, capaz de neutralizar todas las «reivindicaciones» obreras y proletarias que le asaltan y de invertir en cambio toda su fuerza y sus funciones en el desarrollo de la máquina capital-Estado.

<196> El ya mencionado Rüstow, uno de los fundadores del neoliberalismo en los años 30, anuncia a su manera el proyecto de una máquina Estado-capital capaz de integrar sus diferencias: «Un Estado fuerte en interés de una política económica liberal y una política económica liberal en interés de un Estado fuerte, porque las dos exigencias se condicionan mutuamente». La integración del Estado y el capital se lleva al límite cuando los ordoliberales exigen que los principios que rigen la producción de beneficios se inscriban en la Constitución (lo que se hizo en Europa durante la última crisis de la deuda).

Esta integración sin identificación produce un «capitalismo político» en el que la burocracia administrativa, militar y política es indistinguible de los capitalistas: juntos constituyen la subjetivación de la máquina económico-política. Burócratas y capitalistas ocupan funciones diferentes dentro de la misma máquina político-económico-militar, constituyendo el punto de vista subjetivo que establece y regula la relación entre guerra de conquista y producción, entre la violencia de la colonización y el orden democrático, la organización científica del trabajo (abstracto) y el saqueo de la naturaleza humana y no humana.

La guerra de Ucrania nos muestra una realidad que desde siempre estructuró la globalización: Estado, guerra y capital están estrechamente entrelazados, pero en diferentes máquinas de guerra que se oponen estratégicamente. El capitalismo se impuso en todo el planeta, pero la relación economía/política no es la misma en todas las naciones. Los objetivos y los medios que se dan para alcanzarlos tampoco son los mismos. Nos encontramos, pues, ante una multiplicidad de centros de poder político-económico que, a medida que se intensifican las crisis y las catástrofes ecológicas, sanitarias y económicas desencadenadas por las políticas neoliberales, luchan como hace un siglo por apropiarse de los mercados, de los recursos materiales y humanos, por imponer sus propias reglas y su propia moneda.

En resumen, no hablamos sino de imperialismos, aunque se trate de grandes espacios, de Estados continentales, que se enfrentan con las armas, con la economía, con la comunicación, con la logística, con la cultura, por lo tanto, con la guerra «total». Pero total ya fue el conflicto de 1914-18 que, de hecho, sigue constituyendo la matriz de lo que está ocurriendo ahora.

<197>

Por último, pero no por ello menos importante, la industria bélica y el militarismo son elementos constitutivos del capitalismo. Estado, capital y militarismo constituyen un círculo virtuoso: el militarismo siempre favoreció el desarrollo del capital y del Estado, y este, a su vez, financió el desarrollo del militarismo. Después de la Primera Guerra Mundial, la industria bélica constituye una inversión indispensable para la acumulación. Tiene la misma función estimuladora que la inversión productiva (keynesianismo de guerra) y absorbe el aumento de la producción para que no se destine al «consumo». En esto, la industria de guerra es un regulador del ciclo económico, pero sobre todo del «ciclo político». La economía de guerra en la que hemos entrado aumentará aún más la parte de la riqueza producida que se destina al armamento y reducirá aún más el consumo. En el Sur, no solo significará una contracción del poder adquisitivo, sino hambrunas, explosión de la deuda para muchos de estos países, *default* para otros, miseria para todos, endurecimiento de las jerarquías (sexuales, raciales, de clase), cierre de todo espacio político.

Lenin decía, quizás sabiamente, que hay que «intentar evitar la guerra por todos los medios», pero si llega, hay que «derrocar» a los señores de la muerte. Si eso no se logra, seguiremos siendo aplastados por la destrucción general provocada por la guerra.

Bibliografía

Agamben, Giorgio, *Homo Sacer. El poder soberano y la vida desnuda*, Buenos Aires, Adriana Hidalgo, 2017.

Alliez, Eric y Maurizio Lazzarato, *Guerras y capital,* Buenos Aires/Madrid, Tinta Limón/Traficantes de sueños/LA CEBRA, 2021.

Badiou, Alain, *Teoría del sujeto*, Buenos Aires, Prometeo, 2008.

Benjamin, Walter, *Tesis sobre el concepto de historia y otros ensayos*, Madrid, Alianza, 2021.

Baudrillard, Jean, *La sociedad de consumo: sus mitos, sus estructuras*, Barcelona, Plaza & Janés, 1974.

Clausewitz, Carl von, *De la guerra*, Buenos Aires, Círculo Militar, 1968.

Colombo, Alessandro, *Guerra civile e ordine politico*, Roma, Laterza, 2021.

Cesaire, Aimé, *Discurso sobre el colonialismo*, Madrid, Akal, 2018.

Deleuze, Gilles y Félix Guattari, *Mil Mesetas. Esquizofrenia y capitalismo*, Madrid, Pre-Textos, 1988.

Deleuze, Gilles, *Foucault*, Buenos Aires, Paidós, 1987.

Fanon, Frantz, *Oeuvres*, París, La Découverte, 2011.

Foucault, Michel, *Defender la sociedad, Curso en el Collège de France (1975-1976)*, Buenos Aires, FCE, 2000.

— *El coraje de la verdad: el gobierno de sí y de los otros II. Curso en el College de France (1983-1984)*, Buenos Aires, FCE, 2010.

— *La sociedad punitiva: curso en el Collège de France (1972-1973)*, Buenos Aires, FCE, 2016.

<199>

Guattari, Félix, *Psicoanálisis y transversalidad*, Buenos Aires, Siglo XXI, 1976.

Koselleck, Reinhart, *Futuro pasado (para una semántica de los tiempos históricos)*, Barcelona, Paidós, 1993.

Kojève, Alexandre, *Introducción a la lectura de Hegel*, Madrid, Trotta, 2016.

Loraux, Nicole, *La ciudad dividida. El olvido en la memoria de Atenas*, Buenos Aires, Katz, 2009.

Lacan, Jacques, «Discurso en la Universidad de Milán (12 de mayo de 1972)» en *Lacan in Italia 1953-1978*, Milán, La Salamandra, 1978.

Lazzarato, Maurizio, *Guerra o Revolución. Porque la paz no es una alternativa*, Buenos Aires, Tinta Limón, 2022.

— *El imperialismo del dólar. Crisis de la hegemonía estadounidense y estrategia revolucionaria*, Buenos Aires, Tinta Limón, 2023.

Lenin, V. I., *Tomo VI. Obras escogidas*, Buenos Aires, Ed. Progreso, 1961.

Luxemburgo, Rosa, *La acumulación del capital*, Buenos Aires, Terramar, 2007.

Marx, Karl, *El capital,* tomo II, Buenos Aires, Siglo XXI, 1975.

— *El 18 Brumario de Luis Bonaparte*, Buenos Aires, Siglo XXI, 2009.

Tse Tung, Mao, *Escritos militares*, Buenos Aires, Ed. Rioplatense, 1972.

Miglio, Gianfranco, *Guerra, pace, diritto*, Brescia, Morcelliana/Scholé, 2022.

Pasolini, Pier Paolo, *Escritos Corsarios*, Caracas, Monte Ávila, 1978.

Negri, Antonio, *El poder constituyente. Ensayo sobre las alternativas a la modernidad*, Madrid, Traficantes de sueños, 2015.

— *Spinoza subversivo*, Madrid, Akal, 2000.

Negri, Antonio y Michael Hardt, *Imperio*, Paidós, 2002.

Nietzsche, Friedrich, *Genealogía de la moral*, Alianza, 1995.

— *La gaya ciencia*, Madrid, Alba, 1997.

Schmitt, Carl, *El concepto de lo político*, Madrid, Alianza, 1991.

<200>

— *La guerre civile mondiale*, París, Ed. Ere, 2007.

— *Teoría del partisano. Acotación al concepto de lo político*, Madrid, Trotta, 2013.

Sweezy, Paul y Harry Magdoff, *Estancamiento y explosión financiera en Estados Unidos (Economía y demografía)*, Buenos Aires, Siglo XXI, 1988.

Schnur, Roman, *Rivoluzione e guerra civile*, Milán, Giuffré, 1986.

Tronti, Mario, *Dello Spirito libero*, Milán, Il assayatore, 2015.

<201>